Roland Rosinus
Angstquartett

Über den Autor

Roland Rosinus ist Jahrgang 1957, verheiratet, hat zwei erwachsene Kinder und ist Großvater. Er ist Polizeihauptkommissar a. D. und war 43 Jahre Polizeibeamter. Heute berät er für die Deutsche Angsthilfe e. V. München. Seit 2001 hält er Vorträge und hat bisher mehr als 20.000 Zuhörer erreicht. »Es ist fantastisch, Sie haben fast gänzlich meine Geschichte erzählt«, lauten die meisten Rückmeldungen aus seinem Publikum.

Informationen zu den bisherigen Büchern und Kontaktmöglichkeiten finden Sie im Anhang des Buches.

ROLAND ROSINUS

Angst
Quartett

*Eine heilsame Begegnung
mit der Angst*

▶ *Wie ich lernte,
meine **Ängste** aus einem anderen
Blickwinkel zu betrachten,
und plötzlich **Fortschritte** machte*

Die Bibliografische Information der Deutschen Nationalbibliothek

Die Deutsche Nationalbibliothek verzeichnet diese Publikation
in der Deutschen Nationalbibliografie; detaillierte bibliografische
Daten sind im Internet über www.d-nb.de abrufbar.

Originalausgabe
Ersterscheinungsjahr 2022
2. Auflage 2023

REDAKTION:
Verlagsbüro Andrea Stangl
Salzkottener Str. 56, 33106 Paderborn
Tel. (05251) 8 78 46 33

EINBANDGESTALTUNG:
Verlagsbüro Andrea Stangl
unter Verwendung zweier Abbildungen von
© *bittedankeschön*; © *Zerbor* | stock.adobe.com

HERSTELLUNG UND VERLAG:
BoD - Books on Demand, Norderstedt

ISBN 978-3-7347-4867-7

Gewidmet meiner Familie,
insbesondere meiner Ehefrau Jutta.

Danke an alle Freunde und Menschen,
die mich in den letzten 20 Jahren
fortwährend unterstützt haben.

Beim Schreiben hat mich die Musik
von Genesis mit dem Sänger
Peter Gabriel inspiriert.

KONTAKT
kontakt@roland-rosinus.de

WEBSITE
roland-rosinus.eu

Inhaltsverzeichnis

Grußwort von Christian Zottl

Geschäftsführer der Deutschen Angst-Hilfe e. V.

Es mag im ersten Moment merkwürdig klingen, aber viele Betroffene, die oftmals schon seit Jahren von ihrer Angst(-störung) schwer beeinträchtigt sind, können dem »Systemsprenger-Kind« in ihrem Leben häufig keinen Namen geben. Sie wünschen sich außerdem meist nur eins: dass diese tägliche Auseinandersetzung mit der Angst und ihren äußerst unangenehmen Symptomen endlich ein Ende hat. Roland Rosinus gelingt es im »Angstquartett« wieder einmal aufs Neue, das Kind ohne Umschweife beim Namen zu nennen, ja sogar aus verschiedenen Perspektiven zu beleuchten und einem behutsam wie auch eindringlich nahezubringen, dass es nicht um den Kampf gegen die Angst geht, sondern um ein Erwachsen-Werden zusammen mit dem Kind. Einem Kind, dem man schnell mehr Sympathie abgewinnen kann als ursprünglich gedacht.

Diese Erfahrung konnte der Autor dieser Zeilen schon eindrücklich bei einem Vortrag von Roland Rosinus zum 25. Jubiläum der Deutschen Angst-Hilfe e. V. im Jahre 2015 machen. Daraus entstand eine stetige, vertiefte und fruchtbare weitere Zusammenarbeit: Roland Rosinus schreibt nicht nur seit 2007 für die Angst-Zeitschrift und unseren Facebook-Account, sondern ist auch einer unserer verdienten Peer-Online-Berater. Mit seinem neuesten Buch schenkt er uns ein weiteres Werk »Hilfe zur Selbsthilfe – Betroffene helfen Betroffenen!«.

Ein Buch, das ohne Umschweife
auf den Punkt kommt und das
Kind beim Namen nennt.

Grußwort von Dr. Doris Wolf

Autorin vieler Lebenshilfe-Bücher, Mitbegründerin
des PAL-Verlages und Mitautorin des
beliebten Lebensfreude-Kalenders

Ich beglückwünsche Roland Rosinus zu seinem
neuen Buch. Ich finde es eine gute Idee, wenn
er seine persönliche Entwicklung mit Hilfe verschiedener Personen darstellt.

Aus jedem Satz spricht, wie sehr er sich selbst
analysiert und sein Leben durchdacht bzw. neu
erdacht hat.

Für Angstbetroffene ist es ein großartiges
Buch, das sie auf ihren Veränderungsprozess vor-
bereitet bzw. sie darin begleitet.

*Ein Buch, das der Angst den Schrecken
nimmt und sie als Motor für ein
besseres Leben nutzt.*

Geleitwort von Prof. Dr. med. Volker Köllner

Prof. Dr. Volker Köllner hat an den Universitätskliniken in Bonn, Homburg/Saar und Dresden gearbeitet. Er ist Professor für Psychosomatische Medizin an der Medizinischen Fakultät der Universität des Saarlandes sowie Lehrbeauftragter an der Charité, Universitätsmedizin Berlin. Hier leitet er die Forschungsgruppe psychosomatische Rehabilitation. Köllner wirkt an leitender Stelle in unterschiedlichen Fachgremien mit und ist Mitherausgeber verschiedener Fachzeitschriften.

Seit 2015 ist Köllner Ärztlicher Direktor des Reha-Zentrums Seehof der Deutschen Rentenversicherung Bund und leitet die Abteilung Psychosomatik. Er wurde auf der letzten Jahrestagung der Deutschen Gesellschaft für Klinische Psychotherapie, Prävention und Psychosomatische Rehabilitation (DGPPR) e. V. zum Vorsitzenden gewählt.

Ich habe Herrn Roland Rosinus kennengelernt, als ich Chefarzt der Fachklinik für Psychosomatische Medizin der MEDICLIN Bliestal Kliniken in Blieskastel war. Er hielt mehr als zehn Jahre lang 12 Abend-Vorträge zum Thema Angstbewältigung. Wir haben die Kooperation mit Herrn Rosinus sehr schätzen gelernt. Seine Vorträge wurden regelmäßig von 100 bis 150 Patienten sowie Interessierten aus der Region besucht und die Vortragsreihe war damit die beliebteste Veranstaltung im Rahmen des Patientenschulungsprogramms unserer Klinik. Gerade von Patienten mit Angststörungen wurde immer wieder betont, wie sehr seine Vorträge ihnen geholfen haben, ihre eigene Problematik besser zu verstehen und den Mut zu finden, neue Lösungswege auszuprobieren. Herr Rosinus, der zu diesem Thema auch zwei sehr beachtenswerte Bücher verfasst hat, kam ursprünglich über seine Erfahrungen als Betroffener zu diesem Thema. Er hat sich jedoch inzwischen eine erhebliche Expertise und vor allem ein hohes didaktisches Geschick erarbeitet.

Roland Rosinus legt nun sein drittes Buch vor: »Angstquartett. Eine heilsame Begegnung mit der Angst«. Das Buch zeigt seine konsequente Weiterentwicklung: Er hat für sich praktikable Wege aus der Angst gefunden und gibt sie gerne an seine Leser weiter. Er sieht seine Erkenntnisse als Vorschläge und stülpt sie seinen Lesern nicht einfach über. Alle Empfehlungen sind praxiserprobt und bieten eine gute Ergänzung zur fachlichen Hilfe.

Ein authentisches Buch, das die ›fachliche Hilfe‹ kompetent ergänzt.

Mein Weg aus der Angst in aller Kürze

Trauere, wenn Du Trauer hast, und weine.

Lege Schuld und Rechthabenwollen endgültig zur Seite.

Gehe liebevoll mit Dir um, lasse Dich nicht davon leiten, was andere Menschen über Dich denken könnten.

Ja – und sei in dem Gedanken, jeder müsse Dich mögen, nicht zu brav! Überlege nicht, ob Du dann nicht mehr so geliebt wirst.

Lege Perfektionismus und den ›Griff‹ in Deinem Leben ab. Gehe Risiken ein und lebe. Pass auf den Puppenspieler in Dir auf, der alle Fäden in der Hand haben will. Suche die Anerkennung nicht um jeden Preis. Gib die Vorstellung auf, Du könntest das Leben und den Tod kontrollieren. Sage nein, wenn Du ›NEIN!‹ meinst.

Setze Grenzen und rote Linien, die andere nicht überschreiten dürfen. Lasse alte Wunden los, verzeihe und schreibe Dein Lebensdrehbuch neu. Es lohnt sich.

Fremdgesteuert oder selbstbestimmt? Befreie das Dornröschen in Dir und fühle Dich frei!

»Verstehen kann man das Leben rückwärts.
Leben muss man es aber vorwärts.«

Søren Kierkegaard
(dänischer Philosoph und Theologe)

Die Idee des Buches

Mit 15 Jahren Abstand lege ich nun mein drittes Buch nach »Angst ist mehr als ein Gefühl« vor. Ich kann meine Geschichte nicht jedes Mal neu erfinden, doch kann ich meine Leser an meiner permanenten Weiterentwicklung teilhaben lassen.

Fast fertig mit dem Buch, fing ich noch mal von vorne an. Für mich fehlte etwas, alles fühlte sich so abstrakt an. Die Idee kam mir nach langer Zeit des Überlegens. Sie war plötzlich da, glasklar: Ich wollte kein Sachbuch, sondern ein Dialogbuch schreiben und eine Geschichte erzählen. Die Geschichte mag fiktiv sein, doch die Inhalte haben sich genau so entwickelt.

Ich möchte in diesem Buch gerne »Du« zu Euch sagen. Viele Gründe sprechen dagegen, noch mehr dafür. Ich finde, das »Du« schafft die Nähe, die mir sehr wichtig ist. Ich schreibe »Du«

aus Respekt immer groß. Ich benutze auch nicht die korrekte Gender-Form. Sie macht das flüssige Lesen eines Textes nahezu unmöglich.

Das Leben ist ein permanenter Prozess mit Aufs und Abs, das ich nicht beherrschen und kontrollieren kann. Auch wenn sich viele Risiken minimieren lassen, habe ich nicht alles im Griff. Hast Du am Leben schon einen Griff gesehen? Ich biete Dir stattdessen an, an meinen Erfahrungen teilzuhaben. Ich möchte sie Dir keinesfalls überstülpen. Ich ermutige Dich dazu, sie auszuprobieren und Deinen eigenen Weg zu finden. Wege aus der Angst sind genügend vorhanden. Wenn Du möchtest, kann ich Dich ein Stück des Weges begleiten.

Arbeit wartet auf Dich! Wenn Du alle Lösungen Deiner Probleme mit möglichst wenig persönlichem Einsatz und ein paar Tipps auf dem Silbertablett serviert haben möchtest, dann ist dieses Buch nicht das richtige Buch für Dich.

Ein Bistro in Bad Pyrmont

Es war noch ziemlich kühl, doch die erste Frühlingssonne hatte schon relativ viel Kraft. In dieser angenehmen Wärme ließ es sich gut draußen sitzen. Ich fand einen Platz in einem schönen Bistro, bestellte mir ein Getränk und dachte über meine »Mission« nach, die mich erwartete.

Ich werde morgen meine Reha in einer Psychosomatischen Fachklinik beginnen. Ich war einen Tag früher angereist, um schon mal etwas Atmosphäre zu schnuppern. Nach 23 Berufsjahren und 20 Jahren Ehe war ich zum ersten Mal abseits von beruflichen und privaten Verpflichtungen auf mich allein gestellt. Ich war fest entschlossen, die Zeit zu nutzen und wieder ins Leben zurückzukehren.

»Ins Leben zurückkehren«, murmelte ich. Mit fast 40 Jahren war ich zusammengebrochen. Ich kann nicht sagen aus heiterem Himmel, die Warnzeichen waren seit vielen Jahren präsent. Vielfach in allen Formen, ich habe sie permanent missachtet.

›Gehe nicht zu hart mit dir um‹, sagte eine innere Stimme. Die Stimme hatte recht. Nie im

Leben hätte ich geglaubt, Ängste zu bekommen, die mich krank machen würden.

›Kann nicht sein, ich bin doch ein mutiger Mensch. Dass ich über Mut verfüge, habe ich doch beruflich jeden Tag gezeigt.‹ Ich zuckte mit den Achseln.

Dennoch habe ich die Diagnose »Panikstörung« bekommen. Durch ständige Vermeidung kam eine »Generalisierte Angststörung«, eine »Soziale Angststörung«, eine »Herzphobie« und eine leichtere Form der Depression hinzu. Obwohl ich ausgebildeter Trainer im Bereich Stressbewältigung war, konnte ich meinen eigenen Stress nicht mehr bewältigen. Ich wurde zunehmend energielos, handlungsunfähig und mein Selbstbewusstsein ging in den Keller. Ich merkte schon 15 Jahre früher: ›Irgendwas stimmt nicht, ich fühle mich nicht wohl.‹ Doch alle Arztbesuche ergaben keinen Befund.

Hier beginnt das Erklär-Dilemma. Wie erkläre ich jemand mein Befinden, wenn alle ärztlichen Untersuchungen keinerlei Hinweise auf eine Erkrankung ergaben? Das versteht – niemand. Die Ehefrau nicht, die Kinder nicht – das ganze soziale Umfeld inklusive Freunde verstand mich nicht. Ich wusste anfangs ja selbst nicht, was ich hatte.

Nach meinem Zusammenbruch, der sich später als Panikattacke herausstellte, war ich ein anderer Mensch. Ich dachte, infolge der Attacke sterben zu müssen. Doch mein Hausarzt meinte lapidar, ich hätte mir in der letzten Zeit wohl etwas zu viel zugemutet. Alle Untersuchungen in der Praxis ergaben nämlich keinen beunruhigenden Befund. Ich war entsetzt, doch er sollte recht behalten.

Fortan ließ ich Ratschläge über mich ergehen wie »Stell dich nicht so an« oder »Du musst nur mal auf andere Gedanken kommen«. Sie nutzten rein gar nichts und wären besser nie gegeben worden, denn sie rissen mich noch tiefer runter.

Inzwischen beherrschten mich meine Ängste und die Panik immer mehr. Ich konnte keinen Sport mehr machen und fühlte mich nur noch in den eigenen vier Wänden sicher. Ich war mittlerweile krankgeschrieben. ›Werde ich verrückt? Kann ich nochmal arbeiten gehen? Was, wenn nicht? Wie soll ich meine Familie versorgen, wie unser Haus bezahlen?‹ Ich dachte nur noch in Katastrophenszenarien. Ich entwickelte Symptome, bei denen ich ständig daran dachte, umfallen zu müssen. Schwindel, Gangunsicherheit, Atemprobleme. Die Panikattacken kamen nun häufiger und in kürzeren Abständen. Sie fühlten sich jedes Mal an, als hätte mir jemand den Stecker herausgezogen. Die Panik schnürte mir die Kehle zu. Ich entfernte mich mehr und mehr von den

Menschen meiner Umgebung, selbst von denen, die ich liebte. Schließlich dachte ich, früh sterben zu müssen.

Immerhin fand ich in dieser für mich ausweglosen Situation schnell eine Therapeutin und ich bekam eine Diagnose. Das war irgendwie eine Befreiung. Das Kind hatte einen Namen. Ich erfuhr, dass Panikattacken zwar sehr unangenehm sind, jedoch nicht gefährlich.

Ich begann eine Therapie, die allerdings schnell in einer Sackgasse endete. Am Schluss stand die Empfehlung meiner Therapeutin, mich in eine stationäre Therapie zu begeben.

Ich war bereit dazu, fühlte mich nicht abgestempelt als »Psycho«. Ich sagte den wohl wichtigsten Satz in meinem Leben: »Ich möchte gerne raus aus den Ängsten und wieder Freude am Leben haben.«

Nach dem Papierkram mit der Krankenkasse konnte es nun endlich losgehen. Meine Frau hielt zu mir. Sie setzte mir nicht die Pistole auf die Brust nach dem Motto »Wenn das nicht bis zum Tag X besser wird mit dir, dann verlasse ich dich«. Stattdessen sagte sie: »Ich warte auf dich, du hast alle Zeit der Welt.«

Das gab mir Sicherheit und motivierte mich, mein künftiges Leben neu zu ordnen.

»Darf es noch etwas sein?«, fragte die Bedienung.

»Ja gerne.« Ich erwachte aus meinen Erinnerungen und merkte, wie sehr ich gedanklich und emotional in meiner bisher gelebten Geschichte war. Meine Hände verkrampften sich regelrecht am Stuhl.

›Morgen geht es los, endlich‹, dachte ich.

Ich nippte an meinem Cappuccino und blickte auf das Treiben in der Fußgängerzone. Die Leute waren offenbar froh, nach einem langen Winter wieder die Sonne genießen zu können.

Dann sah ich einen Mann um die 40. Gepflegtes Äußeres, sportlicher Gang. Was meine Neugier weckte, war seine außergewöhnliche Begleitung. Er zog an einer langen Leine einen scheinbar störrischen Hund hinter sich her. An sich nichts Außergewöhnliches, doch der Hund war aus Holz. Jedes Mal, wenn die Räder eine Umdrehung vollzogen, wackelte der Hund mit Kopf und Schwanz.

Ich fragte mich, was jemanden bewegt, einen Holzhund hinter sich herzuziehen. Hatte der Mann einen an der Latte?

Er kam direkt auf mich zu, denn mittlerweile hatte sich das Lokal gefüllt. Nur an meinem Tisch waren noch drei Plätze frei.

»Darf ich mich hierhin setzen?«

»Gerne«, sagte ich, obwohl ich irritiert war

und nicht wusste, was mich nun erwartete.

»Ich heiße übrigens Gabriel«, sagte er.

»Ich bin Michael, als Erzengel können wir uns gerne duzen«, sagte ich scherzhaft.

Gabriel machte in keiner Weise den Eindruck, er sei unnormal oder bekloppt. Ganz im Gegenteil. Er drückte sich gut aus, schien gebildet. Meine erste Wahrnehmung bestätigte sich ganz und gar nicht.

Nach dem üblichen »Wir haben tolles-Wetter«-Gespräch sagte Gabriel: »Ich kann es dir ansehen, dich beschäftigt etwas. Frag mich doch einfach.«

Ich schluckte kurz, dann raunte ich: »Warum hast du einen Holzhund dabei?«

»Ach der, den hat mir meine Therapeutin empfohlen.«

»Deine Therapeutin?«, fragte ich.

»Ja, ich bin hier in der Psychosomatik in Reha. Ich dachte immer, ich hätte mein Leben im Griff, bis es mich umgehauen hat. Krankgeschrieben, Ängste, Depressionen, Panik. Nichts ging mehr. Total erschöpft, kein Selbstbewusstsein, kein Antrieb, nichts machte mir mehr Freude.«

»Mir geht es genauso, morgen fängt meine Therapie an, wir sind offenbar Leidensgenossen. Auch ich bin zusammengebrochen. – Ich möchte dich noch vorwarnen. Nachher kommt ein Nachbar von mir an den Tisch. Er war vor zwanzig

Jahren hier in der Klinik und hat seine Ängste gut bewältigt. Er hat mir die Klinik empfohlen und mir angeboten, mich zu fahren. Im Moment kann ich nämlich kein Auto und auch nicht mit dem Zug fahren, weil mich das zu sehr belastet. Er schaut sich noch etwas in der Klinik um, einerseits um altbekannten Therapeuten ›Hallo‹ zu sagen und andererseits, um – wie er es sagte – abzuschließen. Es geht ihm nämlich wieder sehr gut.«

»Vollkommen in Ordnung für mich, er ist bestimmt ein interessanter Gesprächspartner.«

»Nun«, setzte Gabriel fort, »ich dachte am Anfang auch, ich würde leiden, aber jetzt nach acht Wochen habe ich eine ganz andere Sichtweise auf meine Ängste. Ich leide nicht mehr, ich fange langsam an, sie zu verstehen.«

»Sie zu verstehen?«, ich bemerkte den Protest in meiner Stimme, »wie soll ich meine Ängste verstehen? Sie machen mir doch nur das Leben schwer!«

»Ich habe eine simple Frage an dich, Michael, wie oft hast du in den letzten Jahren Warnsignale missachtet?«

»Wenn ich ehrlich bin – ständig«, sagte ich kleinlaut.

»Und wie ist es hier so?«, fragte ich nach einer Gesprächspause.

Gabriel antwortete nicht sofort. Es schien, als überlegte er, wie er seine acht Wochen Aufenthalt leicht verständlich auf den Punkt bringen könnte.

»Am Anfang dachte ich, ich bekäme hier ein paar Tipps, die alles wieder in Ordnung bringen. Ich dachte im Ernst, die würden mich den ganzen Tag bespaßen. War aber nicht. Es gab Lücken im Therapieplan, und das war gut so. Schließlich brauchte ich auch ein wenig Zeit für mich. Ich sagte sinnbildlich zu den Therapeuten: ›Ich habe da so was Unangenehmes, macht mir das mal weg.‹ Ich legte Wert auf Kleinigkeiten, die völlig unbedeutend waren. Das Essen in der Küche, die Rezeptionistin, die jeden Tag schlecht gelaunt schien, die Mitpatienten. Ich hatte an allem etwas auszusetzen.«

»Dein Verhalten hat sich irgendwann geändert?«, fragte ich vorsichtig. Das Gespräch zog mich in seinen Bann.

»Irgendwann nach vielen Gesprächen merkte ich, wie wichtig fachliche Hilfe ist. Ich machte gewissermaßen meinen Angst-Führerschein, erfuhr alles über sie. Und doch reifte in mir mehr und mehr die Erkenntnis, irgendwann alleine Auto fahren zu müssen, ohne den Fahrlehrer Therapeut. Ich erkannte, Chef meiner eigenen Erkrankung zu sein. Ohne mich geht es nicht. Fachliche Hilfe ja, aber ich hatte einen Eigenanteil zu bringen. Schließlich ging es um mich. Und wenn ich mich der Therapie verweigern würde, hätte der Therapeut keine Chance.«

»So habe ich das noch nie gesehen«, sagte ich ehrlich. »Wie ging es weiter?«

Gabriel atmete tief aus.

»Ich merkte, wie wohltuend es ist, wenn ich mich weiterentwickele. Mir wurde bewusst, wie sehr ich an meinem Körper Raubbau getrieben habe. Ich habe mir stets nur Leistung abverlangt, die Ziele immer höhergesteckt. In dem Maße, in dem ich liebevoller mit mir umging, ging es mir besser. Ich entdeckte meine Ecken und Kanten, akzeptierte, nicht mehr ›jedermanns Liebling‹ zu sein.«

»Was ist mit dem Hund?«, fragte ich fast ängstlich.

»Ach der«, entgegnete Gabriel, »der ist mein therapeutischer Freund. Es machte mir immer Stress, im Mittelpunkt der Aufmerksamkeit zu stehen. Ich fragte mich, was die Leute über mich dachten. Wenn du es schaffst, mit dem Hund durch die Stadt zu gehen, ohne zu befürchten, was die Leute wohl denken oder sagen, dann bist du ein Stück weit frei. Frei von den ständigen Ur-teilen, die andere über dich fällen oder zu fällen scheinen. Eigentlich fällst du die Urteile selbst über dich. Du *vermutest* ja nur, was die Menschen von dir halten.«

»Hm«, erwiderte ich, »diese Denkweisen sind mir ziemlich fremd.«

»Aber?«

»Sie klingen plausibel, so anders als alle bisherigen Denkweisen von mir. – Wann fährst du wieder nach Hause?«

Ich bekam plötzlich den Gedanken: ›Bitte lass ihn noch hierbleiben. Noch nie habe ich mit jemand so tiefgründig gesprochen.‹

»Noch zwei Wochen«, sagte Gabriel.

»Und – bist du jetzt geheilt? Bist du angstfrei?«

»Angstfrei geht gar nicht. Ich habe meine Alarmanlage neu eingestellt. Sie geht jetzt nicht mehr bei jeder Mücke los, die gegen die Scheibe fliegt.«

»Hast du Bammel, nach so langer Zeit wieder nach Hause zu kommen?«

»Ja schon, ich frage mich, ob mein soziales Umfeld von mir erwartet, nach meiner ›Heilung‹ wieder fehlerfrei zu funktionieren. Runderneuert sozusagen«, zwinkerte mir Gabriel zu.

»Mir fällt auf: Im Zusammenhang mit Menschen ist das Wort ›funktionieren‹ fast unmenschlich. Obwohl ich auch immer dachte, ich müsse funktionieren.«

»Du sagst es«, knirschte Gabriel.

»Jedenfalls freue ich mich, dass wir noch zwei

Wochen zusammen haben«, sagte ich erleichtert.

»Gerne. Noch ein Tipp: Schließ dich in der Klinik Menschen an, die nach vorne blicken wollen. Du wirst dort auch Menschen treffen, die dir destruktiv alle deine Bemühungen zerreden wollen. Verurteile sie nicht – sie sind wichtig, um dir deinen Weg zu zeigen.«

»Gut, versprochen.«

Nach einer guten Weile fragte ich Gabriel: »Sag mal, hast du auch immer so viele Ratschläge bekommen?«

»Mehr, als mir lieb waren«, antwortete er. »›Reiß dich zusammen, du musst nur mal auf andere Gedanken kommen, du hast doch alles, andere sind kränker. Du bist zu weich, du musst auch mal aus der Haut fahren.‹ Dann ging es weiter mit konkreten Tipps, was alles zu tun sei. Und scheinbar kannten alle einen Arzt, der besser war als der meine.«

»Oh ja, genau so, kenne ich.«

»Nur – es nutzt nichts«, sagte Gabriel seufzend. »Ratschläge sind eben auch Schläge, und das Gegenteil von gut ist gut gemeint.«

»Da ist was dran«, pflichtete ich bei.

»Andererseits«, sinnierte Gabriel, »die Ratschläge drücken ja nur die Hilflosigkeit unseres sozialen Umfeldes aus. Sie möchten gerne helfen, wissen aber nicht wie.«

»Ich stimme zu. Allerdings hätte ich mir gute Zuhörer gewünscht.«

»Aber richtig gute Zuhörer«, meinte Gabriel, »nicht solche, die mir bereits nach zwei Sätzen ins Wort fallen.«

»Du sagst es. – Darf ich dich fragen, was sich bei dir in den acht Wochen positiv verändert hat?«

Gabriel überlegte kurz, zog offenbar ein innerliches Resümee, dann sprudelte es aus ihm heraus: »Die wichtigste Erkenntnis ist, dass es um *mich* geht. Das hat nichts mit Egoismus zu tun. Ich war zeit meines Lebens zu brav und schaute zu sehr nach dem Wohlbefinden der Menschen in meiner Umgebung. Ich gab mich mehr und mehr auf, vergaß mich selbst, überlastete mich. Immer waren die anderen irgendwie wichtiger. Ich bekämpfte meine Ängste, wollte sie besiegen und schnell wieder loswerden. Bis mir bewusst wurde, wie ich mich damit selbst bekämpfte und die Angst ignorierte. Bei näherem Hinsehen war sie nämlich eine Freundin, keine Feindin, die es zu besiegen galt.«

»Eine Freundin«, schnaufte ich empört.

»Ja, das ist schwer zu verstehen«, entgegnete Gabriel, »mir fiel nur auf, wie wenig mein Kampf zu einem positiven Ergebnis führte. Im Gegenteil. Je mehr ich kämpfte, desto schlimmer wurde es.«

»Ja aber«, erwiderte ich, »ich kriege doch laufend gesagt: ›Du musst nur kämpfen, du schaffst das!‹«

»Das«, sagte Gabriel, »ist das faulste Ei unter all den Ratschlägen. Der Ratschlag macht einsam, lässt dich zweifeln, und wenn er nicht zum gewünschten Erfolg führt, machst du dir Vorwürfe, du hättest nicht genug getan.«

»Ich bin mir nicht sicher, ob ich das schon verstehe, ich bin ja erst am Anfang. Welche Erkenntnisse hattest du noch?«

Gabriel überlegte kurz und fuhr fort: »Ich lernte, wie meine Gedanken meine Gefühle beeinflussen. So genannte Katastrophengedanken ließen alles nur noch schlimmer werden. Sie verursachten Scheingefechte, also innere Auseinandersetzungen mit imaginären Geschehnissen, die meist nicht eintraten, und mit imaginären Gegnern, die nur in meinen Gedanken existierten. Ein Schlüssel war, darauf zu achten, was ich dachte und was ich redete. Ich stellte mir die Frage, wovor ich überhaupt Angst hatte. Ich fand darauf keine Antwort. Ich hätte wohl einen ›Urlaub‹ in der Sahara oder im Himalaya machen können, ich hätte keine Angst gespürt. Gleichzeitig fiel es mir schwer, mit einem Freund essen zu gehen. Aus Angst, zu zittern oder das Messer fallen zu lassen. War ich auf dem Weg, verrückt zu werden? Ich bemerkte eines Tages den Kreislauf, in dem ich steckte. Ich verspürte Angst vor der Angst. Bei genauem Hinsehen war es eine Angst vor unangenehmen Symptomen. Je mehr ich sie wegdrückte, desto heftiger waren sie. Mir fiel weiter auf, wie wenig meine erste Therapeutin Wert darauf legte, meine Symptome zu behandeln. Vorrangig beleuchteten wir gemeinsam die Ursachen, die zu den Ängsten führten. Als Fazit kann ich sagen: Ich verstehe nach acht Wochen immer mehr, was in mir vorgeht. Ich kann die Ursachen fast greifen, verstehe sie jedoch noch nicht ganz.«

Ich war mucksmäuschenstill geworden. Noch nie hatte ich eine derartige Sichtweise über Ängste gehört, außer dass man sie bekämpfen müsse.

»Du bist so ruhig«, meinte Gabriel.

»Das stimmt«, antwortete ich. »Du hast mich nachdenklich wie noch nie gemacht. Mich verblüfft, wie sehr deine Geschichte meiner ähnelt. Ich bin froh, darüber reden zu können. Auch wenn ich das Gefühl habe, meine Wangen könnten gerötet sein und meine Hände schwitzten. Ich dachte gerade, du erzählst meine Geschichte. Ich war der Meinung, ich wäre ein Exot.«

»Reden tut immer gut«, bestätigte Gabriel. »Du schaffst es auf Dauer nicht, alles für dich zu behalten. So viel Kraft hast du gar nicht! Ja, die Geschichten ähneln sich. Ein Exot bist du schon gar nicht, es geht sehr vielen Menschen so wie uns.«

Der Außenbereich des Bistros wurde immer voller. Ein markanter Mann zwischen 50 und 60 trat an unseren Tisch und fragte, ob er sich dazusetzen könne.

»Das ist mein Nachbar, von dem ich gesprochen habe«, sagte ich.

»Du bist willkommen, wir haben das schon geklärt«, sagte Gabriel.

Unser neuer Gast lächelte und setzte sich. Er vermittelte Ruhe und hatte eine gute Ausstrahlung. »Ich bin Raphael.«

»Noch ein Erzengel«, platzte ich heraus, und wir lachten alle schallend.

Nachdem sich unser Gelächter gelegt hatte, bestellte sich Raphael einen Latte Macciato.

»Da bin ich ja in guter Gesellschaft«, meinte er.

»Inwiefern?«

»Nun, ich war vor 20 Jahren in der Klinik. Ich komme ab und zu gerne hierher, um mich zu erinnern, nachzudenken und mehr und mehr abzuschließen.«

»Wie geht es dir heute?«, wollte ich wissen, »hast du noch Panik und Angstzustände? Bitte entschuldige, wenn ich so mit der Tür ins Haus falle. Ich bin einfach nur aufgeregt und neugierig.«

»Ich verstehe das. Nur zu. Ich habe meine Ängste gut bewältigt. Für mich gibt es keine Situationen mehr, die ich vermeide. Ich kann alles tun. Mein Leben hat sich sehr verändert. Ich bin dankbar für den Zuwachs an Lebensqualität.«

»Beneidenswert«, rutschte es mir heraus.

»Dennoch«, fuhr Raphael fort, »anfangs dachte ich immer, mir müsste es jeden Tag gleich gut gehen. Das ist eine Illusion, die zu einer falschen Erwartungshaltung führt. Ist der nächste Tag nicht so gut, wird fälschlich geschlossen, alle Bemühungen hätten nichts genutzt; das stimmt aber nicht.«

»Da möchte ich auch gerne hin«, erwiderte ich. »Wenn es mir erst besser geht und meine Symptome verschwunden sind, dann fange ich an zu arbeiten.«

»Verständlich«, sagte Raphael, »doch dann wartest du noch in zwanzig Jahren vergeblich auf eine Besserung, weil du den zweiten Schritt vor dem ersten gehen möchtest.

Argon Avedias formulierte es so: *Das EGO sagt: ›Wenn alles passt, finde ich Frieden.‹ Der GEIST sagt: ›Finde Frieden, dann passt alles.‹*«

Raphael bemerkte offenbar die Fragezeichen auf unserer Stirn und fuhr fort:

»Ich bekam eine andere Sicht auf die Angst.«

Gabriel nickte.

»Ich hörte auf, Masken zu tragen und zu schauspielern. Ich machte meinem Umfeld immer etwas vor, drückte selten meine Gefühle aus. Ich dachte, die mögen mich nicht mehr, wenn ich meine Schwächen zugebe. Die Angst hatte einen Sinn. Sie wies mich darauf hin, dass ich mich verrannt hatte, falsche Maßstäbe setzte. Sie forderte mich auf, mehr an mich zu denken und liebevoller mit mir umzugehen. Ich sollte echter, authentischer werden, sollte genau hinsehen. Ich machte mir häufig was vor.«

»Was meinst du damit?«, hakte ich ein.

»Ich machte meistens auf heile Welt, kleisterte meine Probleme und die eigenen Bedürfnisse zu. Das ist, als würde ich ein rostiges Geländer ohne Rostbehandlung leuchtend rot streichen. Das sieht dann eine Weile richtig gut aus, doch – ihr ahnt es – der Rost kommt relativ schnell zurück. Auch wenn es weh tut: Das ist die perfekte Selbsttäuschung!«

»Das kommt mir bekannt vor«, murmelte Gabriel.

»Kennt ihr Nietzsche?«, fragte Raphael.

»Na klar, Friedrich kennt doch jeder«, bemerkte ich.

»Durch ihn lernte ich, die Situationen, die mich ängstigten, richtig einzuschätzen: ›Wenn du einen Riesen siehst, überprüfe zuerst, ob es nicht der Schatten eines Zwerges ist.‹ Nur zu oft habe ich bei kleineren Problemen überreagiert, weil ich sie größer machte, als sie eigentlich waren.«

»Kann ich mehr von dir erfahren? Was hattest du für Ängste und wie waren deine Symptome?«, fragte Gabriel. »Wir kennen uns zwar schon länger, aber so tief haben wir ja über deine Ängste noch nie gesprochen. Wohl auch, weil ich nie darüber reden wollte.«

Ich war innerlich sehr dankbar für diese Frage.

»Das mache ich gerne«, sagte Raphael, »ich habe eine Menge Zeit mitgebracht. Ich hatte Panikattacken, eine Soziale Angststörung, eine Generalisierte Angststörung, eine Herzphobie, viel Stress und Depressionen.«

»Willkommen im Club«, brach es aus Gabriel und mir heraus.

Befreiendes Lachen.

»Ich hatte Gang- und Stehprobleme, Schwindel, Atemprobleme und mein Herz raste, vorwiegend, wenn ich negativ über mich dachte. Ich glaube, ich brauche nicht extra zu erwähnen, dass ich ganz unten war, keine Energie mehr hatte und kein Mensch mich verstand. In Zuständen der Panik dachte ich, sterben zu müssen. Das Thema ›Herzinfarkt‹ war ständig präsent. Ich dachte oft darüber nach, sterben zu müssen. Ein stiller Hinweis, mich mit dem Tod zu beschäftigen, anstatt ihn immer zu verdrängen. Nicht um zu sterben, sondern um besser leben zu können.«

Murmelnde Zustimmung.

»Nachdem ich dann wie ihr in der Klinik war und viel über mich und meine Ängste lernte, arbeitete ich zu Hause weiter an mir. Ich hatte zunächst zwei Schwerpunkte. Ich wollte meinen ›Eigenanteil‹ leisten, denn ich erkannte, der Chef meiner eigenen Erkrankung zu sein.«

»Die gleichen Formulierungen, die ich benutzte«, warf Gabriel zustimmend ein. »Wie sah denn dein Eigenanteil konkret aus?«

»Früher oder später kommen diese Erkenntnisse«, stimmte Raphael zu. »Ich gab zunächst mein bisheriges Verhalten als Mann auf. Ich kommunizierte mehr, ließ Gefühle zu und hinterfragte solche schwachsinnigen Aussagen innerhalb der Arbeitswelt wie ›Stress hat nur der Leistungsschwache‹, ›Ein Mann ist immer stark‹ und ›Ein Mann zeigt keine Schwächen‹. Ich outete mich und war verwundert, wie viel Zustimmung ich bekam. Ich legte meinen Perfektionismus ab und merkte, dass ich besonders dann stark war, wenn ich Schwächen zuließ. Das mit dem Perfektionismus ablegen war gar nicht so einfach. In der Beziehung erklärte ich mehr meine Bedürfnisse. Selbst bei langjährigen Beziehungen sind Bedürfnisse nicht von der Stirn abzulesen. Ich muss sie artikulieren.«

»Ich erinnere mich an früher«, warf ich ein. »Wenn ich mit blutenden Knien zur Oma kam, sagte sie: ›Das tut gar nicht weh, ich blase ein wenig‹, und ich dachte: ›Du blöde Kuh, das tut scheißweh!‹«

»Was sagte denn deine Frau zu deiner Entwicklung?«, fragte Gabriel.

»Ich gab ihr Zeit, mein neues Verhalten zu verstehen. Ich wollte mein Verhalten ändern, dazu war ich fest entschlossen. Ich wurde mutiger, selbstbewusster, standhafter, ja auch fordernder. Und schwups! – in der Beziehungskrise. ›Angst und Partnerschaft‹ ist ein Riesenthema. Miteinander reden ist erforderlich, um die neuen Schnittmengen der Beziehung herauszufinden und zu akzeptieren. Ich darf euch verraten: Es hat geklappt.«

»Na ja«, sagte ich, »in dem Wort ›Verhaltenstherapie‹ steckt das Wort ›Verhaltensänderung‹ ja schon drin.«

»Genau«, nickte Raphael und fuhr fort:

»Es betraf auch meine Beziehung zu den Eltern. Ich ließ meine Eltern so, wie sie nun mal waren. Ich konnte sie nicht ändern. Doch ich setzte persönliche Grenzen, wenn sie mit ihrem Verhalten zu sehr in meinen persönlichen Distanzkreis einbrachen. Dann gab es von mir einen oft mit einer klaren Ansage verbundenen Stopp-Satz.

Meine Kinder sind schon seit vielen Jahren aus dem Haus. Für manche Paare bricht die Welt zusammen, wenn die Kinder gehen. ›Was machen wir jetzt eigentlich miteinander?‹ Mögliche Antwort: Leben, genießen, das Leben als neue Freiheit und Abenteuer definieren. Wir unterließen so genannte ›Drohanrufe‹ bei den Kindern, die wir selbst erfahren hatten, wenn uns unsere Eltern ein schlechtes Gewissen einreden wollten, z. B. ›Ich wollte mal fragen, ob ihr noch lebt, haben wir euch etwas getan?‹. Wir tappten nicht mehr in diese Falle. Es machte uns frei.

Menschen kommen, Menschen gehen. Manche bleiben ein ganzes Leben, andere kurz. Es kann passieren, dass Freundschaften und Bekanntschaften sich auseinanderleben, z. B. durch andere Einstellungen, anderen Geschmack, andere Kultur, andere Ansichten in der Kindererziehung und vieles mehr. Ich habe früher an auseinandergelebten Beziehungen immer festgehalten. Nun nicht mehr! Das typische Gespräch in der Stadt bei der Begegnung: ›Hallo‹ – ›Hallo, na wie geht's?‹ – ›Gut, und selbst?‹ – ›Wir haben uns schon lange nicht mehr gesehen.‹ – ›Stimmt!‹ – ›Wir müssten noch mal …‹

Ab hier bin ich raus und schlage eine ›ehrliche Tasse Kaffee auf der Stelle‹ vor. Denn aus ›Wir müssten mal noch mal‹ wird nie etwas. Oder?«

»Genau so ist es.« Gabriel und ich waren uns darin einig

»Als ich jung war und am Anfang meines Berufslebens stand, gefiel mir vieles nicht, und ich wollte das ›System‹ ändern. Was soll ich sagen, ich fiel fürchterlich auf die Schnauze, ging K.O. wie ein Boxer in der ersten Runde. Ich konnte das System nicht ändern, es war gar nicht meine Aufgabe. Was ich tun konnte, war, eine Berufszufriedenheit zu erlangen, gerne zu arbeiten und die thematischen Inhalte (Was bewirke ich?) über die vielen zwischenmenschlichen Nickeligkeiten zu stellen. Wenn es tatsächlich möglich war, ging ich und trat eine andere Stelle an. Die Dakota-Sioux wussten bereits: ›Wenn du merkst, dass du ein totes Pferd reitest, dann steige besser ab.‹«

»Sehr weise«, pflichtete ich bei.

»Nehme ich mich morgens im Spiegel wahr, wünsche ich mir dann einen guten Morgen oder denke ich ›Ach, du schon wieder!‹? Das ist ein Riesenunterschied. Ich sage jeden Morgen meinem Spiegelbild ›Guten Morgen‹. Am Anfang kam ich mir etwas bescheuert vor. Doch mit der Zeit wurde es ein schönes Ritual und ein guter

Start in den Tag.«

Raphael unterbrach sich und fragte: »Seid ihr noch auf Ballhöhe, oder rede ich zu viel?«

»Nee, alles gut, all das zu hören ist einfach nur fantastisch«, sagten Gabriel und ich übereinstimmend.

»Du sprachst von zwei Prioritäten, erzähl weiter«, bat ich.

Raphael lächelte. Er hatte wirklich gute Zuhörer gefunden.

»Die zweite Priorität war die Suche nach den Ursachen. Nicht ganz einfach. Ich dachte immer, wenn ich die Panikregeln beherrsche und ein paar Atemübungen, dann hätte ich alles im Griff. Die Panikregeln sind natürlich wichtig, um in einer akuten Panik handlungsfähig zu bleiben. Gleichwohl habe ich, über die Zeit gesehen, mehr über die Ursachen und weniger mittels Techniken an mir gearbeitet. Techniken sind dann für mich okay, wenn sie keine Techniken bleiben, sondern überzeugt gelebt und angewendet werden.«

»Hast du denn deine persönlichen Ursachen gefunden?«, fragte Gabriel.

»Ich bin froh, dass du von *persönlichen* Ursachen sprichst«, sagte Raphael, »denn sie wirken individuell auf der geistigen und körperlichen Ebene und sind so unterschiedlich wie die Angstbewältigung selbst. Deshalb sehe ich immer davon ab, jemand meinen Weg aufzudrängen. Möglicherweise können Betroffene von meiner Geschichte profitieren, wie viele Rückmeldungen zeigen. Doch ich verstehe sie nicht als alternativlose Handlungsanleitung nach dem Motto ›Ihr müsst es nur so machen wie ich, dann geht es euch gut‹.

Aber konkret zu eurer Frage: Wie sagte Søren Kierkegaard, ein dänischer Philosoph und Theologe: ›Das Leben wird vorwärts gelebt und rückwärts verstanden.‹ Viele für mich schmerzliche, nicht nachvollziehbare Erfahrungen wurden mir im Nachhinein verständlich und fügten sich mit zunehmendem Alter zusammen wie Puzzleteile. Im Ganzen betrachtet gab es bei mir zwei große Säulen: Großereignisse/Schicksalsschläge und Persönlichkeitsmerkmale.«

»Die Schicksalsschläge waren doch bestimmt die größten Brocken in deiner Geschichte?«, fragte ich vorsichtig.

»Stimmt«, sagte Raphael, »doch in der Summe des alltäglichen Erlebens sind die Persönlichkeitsmerkmale viel präsenter.

Zu den Schicksalsschlägen gehörten nicht bewältigte Trauer um geliebte Menschen. Die Großereignisse waren Mobbing, eine Hauterkrankung und die weitreichende Erfahrung, abgelehnt zu werden, wenn ich ein selbstbestimmtes Leben führen möchte. Ferner die Erziehung, die bei mir auf ›Brav-Sein‹, also Anpassung abzielte. Zu den Persönlichkeitsmerkmalen rechne ich Perfektionismus, Suche nach Anerkennung, keine Grenzen setzen können, seine Bedürfnisse nicht zu kennen und auszusprechen und das weit verbreitete Unvermögen, nicht ›NEIN!‹ sagen zu können. Ich nenne das immer ›Sprachfehler‹. Hinzu kam ein hoher Stresslevel, den ich ohne Hilfe nicht mehr bewältigen konnte.«

»Genau so war es bei mir«, brach es aus mir heraus, »ich sagte nie ›NEIN‹ und war immer nur für die anderen da. Ich vergaß mich selbst, und mit der Zeit habe ich mich hoffnungslos überlastet. Zu viele Termine, zu viele Baustellen, zu viele Aktivitäten. Ich setzte keinerlei Prioritäten. Irgendwann wurde die Last zu groß. Das war dann der Punkt, wo mein Arzt meinte: ›Sie haben sich in der letzten Zeit zu viel zugemutet.‹ Ich sagte nicht ›stopp‹, weil ich die Bremse nicht fand. Ich wollte sie alle retten. Wenn es sonst keiner tat, einer musste es ja tun, also ich! Ich hatte auch Trauer, verdrängte meine Probleme. Doch wie Bert Hellinger es so treffend formulierte: ›Was du verdrängst, das drängt, und was du unter den Teppich kehrst, kommt irgendwann wieder an die Oberfläche.‹«

»Ich hätte es nicht besser beschreiben können«, meinte Raphael.

Gabriel pflichtete bei: »Manchmal verschwinden Symptome nur, um mit Verstärkung zurückzukehren. Wie bei dem rostigen Geländer, das rot überstrichen wird.«

Alle lachten befreit auf.

»Gut aufgepasst.«

»Und warum merken wir das nicht, ignorieren alles, obwohl es so viele Warnsignale gab?«, fragte ich.

»Weil wir eingetretene Pfade selten verlassen«, bemerkte Raphael. »Das geht nur, wenn wir diese Pfade erkennen und sie freiwillig verlassen. Oder wenn wir dazu gezwungen werden.«

»Gezwungen werden?«, fragte Gabriel.

»Das klingt etwas martialisch«, gab Raphael zu. »Ulrich Schaffer, ein deutscher Schriftsteller und Fotograf, hat es verständlich auf den Punkt gebracht: ›Geh du vor‹, sagte die Seele zum Körper, ›auf mich hört er nicht, vielleicht hört er auf dich.‹ – ›Ich werde krank werden, dann wird er auf dich hören‹, sagte der Körper zur Seele.«

»Oh Mann«, bemerkte Gabriel kleinlaut, »so etwas hätte ich früher lesen müssen.«

»Ich fange an, unser zufälliges Treffen zu genießen«, entfuhr es mir spontan. »In einem so tiefgründigen Gespräch war ich noch nie.«

»Du glaubst noch an Zufälle?«, erwiderte Gabriel.

Raphael lächelte uns an.

Gabriel wandte sich wieder an Raphael und fuhr fort: »Du hast also die Ursachen bei dir erkannt. Und dann? Gefahr erkannt, Gefahr gebannt?«

»Nicht ganz so, jedoch ein erster Schritt, Ängste aus einem anderen Blickwinkel zu sehen. Doch mein Weg aus der Angst fing erst an. Viele Erkenntnisse mussten zunächst reifen. Ich lehne mich nicht zu weit aus dem Fenster, wenn ich heute sage, meine Angstbewältigung hing im Wesentlichen davon ab, wie ich mit meinen Stillständen und Rückschritten umging. Meine Fortschritte sah ich natürlich, doch gaben sie mir keinen Kredit, wenn ich durch eine Panik aus heiterem Himmel wieder mutloser wurde. Der Punkt war: Ich ging ein paar wenige Schritte und wollte dann umgehend belohnt werden. Kam die Belohnung nicht, war ich enttäuscht. So ein Mist, alles umsonst. Ich musste nur durchpusten und weitermachen. ›Alles umsonst‹ war eine Fehleinschätzung.«

»Vielleicht wollte die Angst überprüfen, wie weit du schon bist und sie schon gehen konnte«, gab Gabriel zu bedenken.

»Ja, genau so war's«, nickte Raphael.

»Und was hast du getan, damit es dir besser

ging?«, fragte ich voller Erwartung.

»Das wird eine lange Geschichte«, meinte Raphael.

»Sie interessiert uns, nur zu«, ermunterte Gabriel ihn.

Raphael fuhr fort: »Ich ging direkt, als ich wieder zu Hause war, arbeiten. Das war meine größte Angst: meine Familie nicht mehr ernähren zu können. Also packte ich es an. Kein einfaches Unterfangen, denn die Ängste waren nicht plötzlich weg. Einige Schweißausbrüche und Wochen später stellten sich erste Erfolge ein. Ich dachte nicht mehr ständig ans Umfallen, zum Beispiel in der Bäckerei. Kaum merkbar, wie diese Erfolge kamen. Ich arbeitete parallel zu meinen Erfolgen an mir weiter. Ich pflegte das zarte Pflänzchen, das in mir wuchs, bis es einen Stamm entwickelte und immer windfester wurde.

Ich persönlich setzte auf eine Kombination aus Angst- und Stressbewältigung. Ich bin überzeugt: Viele Probleme von ängstlichen und depressiven Menschen haben ihre Ursachen in einem zu hohen Stresslevel und der Art, wie sie mit sich selbst umgehen. Meine Erkenntnisse sind aber keine Checkliste, sie sind über viele Jahre gewachsen, wurden verändert, wachsen noch heute. Jegliche Angstbewältigung bleibt erfolglos, wenn sie zu perfekt und verbissen angegangen wird. Der

Schlüssel war und ist, ins Tun zu kommen. Gute Bücher können anregen, doch jede Handlung ist wertvoller. ›Nur vom Reden wird der Reis nicht gekocht!‹, lautet ein chinesisches Sprichwort.«

»Ich erkenne mich gut wieder«, sagte ich mit einem Hauch von Selbsterkenntnis. »Ich dachte anfangs, mit einem guten Buch, ein paar allumfassenden Tipps und ein paar schlauen Kalendersprüchen wird alles gut.«

»Meine Ängste zu akzeptieren war ein Riesensprung, der mich nach vorne gebracht hat«, setzte Raphael fort. »Akzeptieren heißt nicht akzeptieren für immer, sondern gerade für den jetzigen Moment. Ich wollte immer kämpfen, meine Ängste besiegen und sie so schnell wie möglich wieder loswerden. Ich erwartete Wunder und suchte hauptsächlich Hilfe von außen. Den Lichtschalter, der das beendete, oder den Gott in Weiß, zu dem ich sagen konnte: ›Ich habe da so was Unangenehmes, mach mir das mal schnell weg‹. Das funktionierte ganz und gar nicht. Ich hörte auf mit dem Kampf. Ich bekämpfte immer nur mich selbst. Die Akzeptanz blieb dabei auf der Strecke. Die Angst hatte mir etwas zu sagen. Ich musste ›nur‹ zuhören, nicht mehr weglaufen, mich stellen.«

»Das mit dem Kämpfen könnte von mir sein«, murmelte ich.

»Ich vermied nichts mehr, außer Vermeidungen. Das war so ein Lieblingsspruch meiner Therapeutin hier in der Klinik. Wie recht sie hatte. Kurzfristig mögen Vermeidungen funktionieren, und wahrscheinlich gibt es Vermeidungen, mit denen ich mich ein ganzes Leben lang arrangieren kann. Ich muss mir keinen Python um den Hals hängen und muss nicht in Urlaub fliegen. Ich kann auch mit dem Auto fahren, mit Bahn oder Bus. Wenn ich aber die schönen Dinge des Lebens und meines Alltags vermeide, werden sich aus den Vermeidungen mittel- und langfristig neue und tiefere Ängste bilden. Und: Wenn du vom Strand ins Meer hinausschwimmst und bei der kleinsten Welle wieder umkehrst, wirst du nie wahrnehmen, dass hinter der kleinen Welle das Meer wieder ruhiger wird.«

»Ist das ein Scheitern, wenn ich mal nichts tue?«, fragte Gabriel nachdenklich.

»Nein«, sagte Raphael, »du hast auch mal das Recht zu sagen, ›keine Lust heute‹. Schau nur bitte genau hin, wie oft du keine Lust hast.«

»Ach so, die Dosis.«

»Ja genau! Ich nahm fachliche Hilfe in Form einer Verhaltenstherapie an und war darüber nicht beschämt. Ein sehr wichtiger Punkt! Damit ging einher, mich zu outen; das habe ich schon mal erwähnt. Eine richtige Last fiel von mir ab. Ich hatte viel mehr Energie zur Verfügung, die ich sonst dafür brauchte, mich zu verstecken. Kein Mensch hat auf Dauer die Energie, sich ständig zu verstecken, mit einer Maske rumzulaufen. Es sei denn, er benutzt Krücken wie Alkohol und Drogen zum Verbergen.«

»Hm, ich bin da skeptisch. Wenn du in unserer Gesellschaft eine psychische Erkrankung hast, bist du gleich als Psycho abgestempelt. Auf der Arbeit wirst du komisch angesehen, wenn du mal fehlst, während der Fußballer-Kollege, der zum fünften Mal in diesem Jahr beim Spiel verletzt wurde, der bedauernswerte Held ist.«

Ich redete mich gerade in Rage. Ich hätte gern weitergeredet, doch Raphaels Blick unterbrach mich sanft, aber bestimmt.

»Am Anfang dachte ich, ich wäre schwer krank«, setzte er die Schilderung seiner persönlichen Bewältigung fort. »Mehr und mehr sah ich Angst als Warnsignal, ja als Weckruf. ›Hallo Raphael, so geht's nicht weiter, du machst dich krank. Ändere was, gehe vor allen Dingen liebevoller mit dir um.‹ Wenn nun die Angst ein Warnsignal ist, dann ist sie doch eine Freundin. Und warum soll ich dann jemanden, der mir zur Hilfe kommt, bekämpfen? Denkt mal drüber nach.«

»Die Angst eine Freundin? Ich weigere mich

beharrlich, die Angst als Freundin zu sehen. Ist jemand eine Freundin, der mir das Leben schwer macht und mir Symptome schickt, bei denen ich denke, ich müsste sterben? Nein, sorry, Raphael!«

Raphael entgegnete: »Das kann ich gut verstehen; manchmal übertreibt die Angst. Doch was will sie tun, wenn sie sich bemerkbar macht und du hörst nicht zu? Du kannst ihr sagen, wenn sie mal etwas langsamer sein soll: ›Stopp, du überforderst mich gerade.‹«

»Und das hört sie?«, knurrte ich.

»Aber sicher. Ich gebe offen zu, dass ich mit meiner Meinung, Angst sei keine Feindin, die es zu bekämpfen gilt, anecke und polarisiere. Gleichwohl ist von mir nicht eine Heroisierung oder Glorifizierung der Angst gemeint.

Wer mit der Aussage ›Angst als Freundin‹ nicht klarkommt, kann die Angst auch als ›liebevolle Beraterin‹ bezeichnen. Sie weist mich darauf hin, mich meinen Ängsten zu stellen (anstatt davonzulaufen) und etwas zu tun (anstatt zu warten, bis die Symptome verschwunden sind). Denn: Wer wartet, bis die Symptome verschwunden sind, macht den zweiten vor dem ersten Schritt und wartet noch in zwanzig Jahren vergeblich auf eine Besserung.«

»Das verstehe ich jetzt besser«, sagte ich leise und kratzte mich am Kopf.

Raphael erzählte weiter: »Bei mir verfestigte sich ganz markant ein Symptom: Ich dachte stets, umfallen zu müssen. In allen Wartesituationen, im Discounter, auf der Bank, in der Metzgerei, beim Bäcker, beim Shopping – überall! Daraus ergab sich eine Standunsicherheit, die mich beklommen und sehr unsicher werden ließ. Traf ich in der Stadt Bekannte und stand ihnen gegenüber, so fing ich nach ein paar Minuten an zu schwanken. Ich wollte nur noch weg, war ständig auf der Flucht. Ich hinterließ viele Fragezeichen. Die Krönung war ein Anruf eines Bekannten, der meinte, er habe mich verletzt oder etwas Unpassendes gesagt. In der Phase machte ich Angstübungen. Sie hatten das Ziel, in einer belastenden Situation zu bleiben, zu sehen, wie sich Gefühle der Panik und/oder Angst reduzieren und schließlich ganz verschwinden. Wahrzunehmen, dass die unangenehmen Gefühle auszuhalten sind. Geübt habe ich oft in Kaufhäusern. Nicht die Luft anzuhalten und eine schnelle Runde zu drehen, sondern wirklich auszuhalten, was auf mich zukam.«

»Bist du jemals umgefallen?«, wollte Gabriel wissen. »Das habe ich nämlich auch, genau so!«

»Bemerkenswert finde ich, dass ich nie umgefallen bin und das Umfallen an sich wahrscheinlich nicht so schlimm gewesen wäre wie das ständige Denken daran. Mit der Zeit des Übens können die Übungen sogar Spaß machen. Ich vergaß manchmal die Angst und konnte so feststellen, dass ich im Kaufhaus nicht nur umfallen kann – sondern dass es da sogar Hosen und Hemden gibt, die ich anprobieren und kaufen kann. Wenn ich beim Anblick eines Turms argwöhne, wie wackelig der aussieht, das Geländer morsch sein und ich schließlich runterfallen könnte, werde ich nie die schöne Aussicht von oben genießen können.«

»Hm«, sagte Gabriel, »überlegenswert. Gab es noch so ein Schlüsselerlebnis, das dir weiterhalf?«, fragte er weiter.

»Oh ja«, sagte Raphael. »Ich merkte mit der Zeit: Gedanken beeinflussen die Gefühle, Gefühle bilden das Verhalten aus. Menschen, die sich längere Zeit in einer Angsterkrankung befinden, sind unter Umständen deshalb in ihrem Kreislauf, weil sie angstauslösende Gedanken denken und festhalten oder ständig nur über das eine Thema kommunizieren. Ich stellte mir bildlich vor, meine Gedanken und meine Worte auf einen Tonträger aufzunehmen und sie mir dann abends vorzuspielen. Diese Vorstellung führte zu einer bewussteren Wahrnehmung meiner Gedanken und meiner Worte. Da konnte mir schon zeitweilig schlecht werden, was da an Gedankenmüll zusammenkam. Meine Gedanken und meine Worte waren prädestiniert, meine Ängste festzuhalten. Wenn ich mir ständig sage, ›ich kann nichts‹, ›ich bin nichts‹, ›das ist aber schwer‹ und ›die Kirschen in Nachbars Garten sind immer roter und saftiger‹, mache ich mich ständig kleiner, als ich bin. Die Lösung – ihr ahnt es: Stopp-Sätze! Und ganz bewusst liebevoll dagegenhalten und sich auch mal loben: ›Heute, in der und der Situation, war ich richtig gut.‹ Achtet drauf, was ihr denkt und was ihr redet. Es lohnt sich.«

Ich nahm Blickkontakt zu Gabriel auf. Er hatte den Kopf gesenkt und dachte wohl nach. Schließlich murmelte er: »Verstehe, hast du ein Beispiel?«

»Ich arbeite gerne mit Beispielen. Wie sehr Gedanken und Gefühle sich gegenseitig bedingen und was passiert, wenn negative Gedanken zu sehr die Überhand gewinnen, konnte ich mir mit dem folgenden Beispiel erklären.

Zunächst eine kleine Geschichte. Ein Schüler fragte mal seinen Meister: ›Meister, wie kann ich meine Gedanken anhalten?‹

Der Meister ging mit seinem Schüler ins Freie.

›Spürst du den Wind?‹, fragte er seinen Schüler. ›Halte ihn an!‹

›Das geht nicht‹, sagte der Schüler nach einigen ergebnislosen Versuchen.

Der Meister sagte: ›Genauso wenig, wie du den Wind anhalten kannst, gelingt es dir, die Gedanken anzuhalten. Aber zum Glück kannst du die Qualität deiner Gedanken selbst bestimmen.‹

Die Qualität deiner Gedanken kannst du dir auch wie ein Bankkonto vorstellen. Stelle dir vor, du hättest ein Konto, auf das du Gedanken einzahlen könntest. Liebevolle Gedanken zahlst du auf die Haben- und destruktive Gedanken zahlst du auf die Soll-Seite ein. Was passiert? Wenn du überwiegend destruktive Gedanken hast, geht dein Konto wie im richtigen Leben in den Keller, mit allen Konsequenzen. Der ›Bankdirektor‹, vorher noch sehr freundlich, versteht nun gar keinen Spaß mehr. Halten sich destruktive und liebevolle Gedanken die Waage, ist das Konto ausgeglichen. Na ja, so ein wenig rosarot darf es schon sein. Wenn du überwiegend liebevolle Gedanken einzahlst, kannst du sogar etwas sparen. Und nun wage ich die Prognose: So hoch oder niedrig dein Kontostand an Gedanken ist, so hoch und niedrig ist auch der Kontostand deiner Gefühle … exakt gleich. Die Qualität seiner Gedanken selbst zu bestimmen lohnt sich. Jederzeit! Das Kontobeispiel könnte auch eine plötzlich auftretende Panikattacke erklären, nämlich dann, wenn das Konto ziemlich in den Miesen ist.

Sagt ›STOPP!‹, und verlasst das Hamsterrad.

Geht und denkt neue Wege. Schon Albert Einstein wusste: ›Probleme kann man niemals mit derselben Denkweise lösen, durch die sie entstanden sind.‹«

Ich sprach aus, was ich dachte: »Ich stehe erst ganz am Anfang; da wartet noch richtig viel Arbeit auf mich. Jahrelang habe ich anders darüber gedacht.«

Raphael erwiderte: »Setz dich nicht unter Druck. Unser Gespräch wird dir vielleicht helfen, doch gehen musst du den Weg weitgehend alleine. Sag bitte nicht: ›Das ist aber schwer.‹ Der Weg ist nicht einfach, doch wenn du dir tagein tagaus sagst, wie schwer das alles ist, dann ist es auch schwer. Du *machst* es nämlich schwer.«

»Sorry für die Unterbrechung, Raphael, das muss sich zuerst mal setzen. Wie ging es weiter?«, fragte ich.

»Kein Problem. Ich fand es spannend, das Drehbuch meines Lebens selbst zu schreiben. Was ich will, was ich nicht will, was ich mir unter Lebensqualität vorstelle. Habe ich nicht zu oft Lebensträume auf die lange Bank geschoben, anstatt die Träume zu verwirklichen? Der richtige Termin kommt nie, es gibt nur ein ›Jetzt sofort‹. Die Betonung liegt auf ›*mein* Leben‹. Ich mochte nicht mehr das Leben der anderen Leute leben und legte endlich das Dogma meiner Eltern ab, ›Was denken denn da die Leute?‹. Ferner beschloss ich, nicht mehr ›brav‹ zu sein. Na ja, ein ständig sich grämender, meckernder Unhold wurde ich trotz meines Entschlusses nicht. Ich arbeitete eher an meinem ICH, an meinem Selbstbewusstsein, und legte für mich fest, wie ich sein wollte. Ich wollte ab sofort mein Erstbeurteiler sein. Eine Frau, die meinen Vortrag hörte, meinte mal: ›Das hört sich ja alles gut an, aber mein Arzt sagte mir: Da können Sie gar nichts dran machen, das liegt bei Ihnen alles in den Genen!‹

Was wäre dazu zu sagen? Ich habe mich fachlich erkundigt. Natürlich gibt es so etwas wie Gene und Veranlagung, die unser Leben zu ca. 30 % bestimmen. Aber der Rest liegt an uns. Ehrlich gesagt finde ich die Aussicht, 70 % selbst bestimmen zu können, sehr mutmachend. Wir müssen uns nicht unserem Schicksal ergeben, sondern wir können es mit unseren Gedanken, Worten und unserem Verhalten selbst gestalten. Gelassenheit bedeutet in diesem Zusammenhang nicht, die Hände in den Schoß zu legen und zu sagen: ›Irgendjemand wird mich schon bespaßen!‹ Es geht immer um das aktive Tun. Natürlich sind zuweilen Abwarten, Geduld und einfaches Nichtstun gefragt. Ich muss nicht immer Tempo bolzen.«

Eine Weile herrschte Schweigen am Tisch.

»Wie mir bekannt ist, hältst du Vorträge, Raphael«, erinnerte ich mich.

»Ja«, sagte Raphael, »nachdem ich nach Hause kam, machte ich mir Notizen. Aus den Notizen wurden zwei Bücher. Die Bücher wurden dann Startschüsse für meine Vorträge. Am Anfang wollte ich das gar nicht. Doch sie waren für mich eine Art weitere Bewältigung. Ich wollte auch etwas zurückgeben, aus Dankbarkeit dafür, wie gut es mir geht. Ich habe bisher 20.000 Zuhörer erreicht, vorwiegend in Psychosomatischen Fachkliniken. Die jeweiligen Chefärzte haben mich gut unterstützt. Sie meinten, fachliche Hilfe *und* Erfahrungswissen seien als Duo unschlagbar, weil ich die Sprache der Betroffenen spreche und besser verstanden werde.«

»Klasse«, meinte Gabriel, »das kann ich mir sehr gut vorstellen, das mit dem besseren Verstehen.«

»Hast du noch ein paar Anregungen für uns?«, fragte ich neugierig, irgendwie gefesselt von den Ausführungen.

»Fragt bitte nicht, ›Wieso passiert mir das immer?‹. Diese Frage ist unpassend. Bitte stellt sie nicht! Wenn ich in andere Familien reingeschaut habe, stellte ich fest, dass zuweilen überall der Teufel los ist. Mal mehr, mal weniger. Das Leben verläuft nicht in einer Geraden, sondern in einer Wellenlinie. Launisch wie das Wetter. Auf Hochs folgen Tiefs, manche Tiefs bleiben gar etwas länger. Viele von Ängsten Betroffene haben den Anspruch, es müsse ihnen immer – Tag für Tag – gleich gut gehen. Das ist unrealistisch und selbst bei Menschen, die von Ängsten nicht betroffen sind, kein Standard. Nur – sie denken nicht groß drüber nach. Was mir noch auffiel: Ich war mal in einer Schleife, in der ich dachte: ›Immer um 17:00 Uhr geht's mir schlechter.‹ Objektiv war das zwar so, aber ich hatte es mir anerzogen. Konditionierung durch ständiges Einreden sozusagen.«

»Oh ja, wem sagst du das.« Gabriel und ich schüttelten den Kopf. Wir hatten uns wiedererkannt.

»Oft ist der Umgang mit Sorgen geprägt von Scheingefechten. Ich gebe zu, ich tat mich damit zeitweilig schwer. Sorgen lassen sich nicht so einfach abschalten. Hilfreich war, zu hinterfragen, ob die Sorgen reell waren oder ob ich mich in Scheingefechten mit imaginären Gegnern befand. Die wichtigste Erkenntnis war aber, dass die Sorgen durch das Sich-Sorgen nicht weniger wurden. Zudem haben die Zukunftssorgen, also mögliche Ereignisse, die irgendwann in der Ferne eintreten könnten, doch Zeit, bis sie tatsächlich da sind. Lasse dich nicht in eine Spirale der sich selbst erfüllenden Prophezeiungen ziehen, sondern lebe ganz bewusst im Jetzt.

Das Sich-Sorgen wird auch als ›Generalisierte Angststörung‹ bezeichnet. Abseits der medizinischen Definitionen wird sie auch als ›Sorgenkrankheit‹ bezeichnet.

Pflegt ihr eure Freundschaften?«, fragte Raphael unvermittelt.

Ich verzog etwas das Gesicht und antwortete dann: »Da sprichst du was an; bei manchen Freunden denke ich, ich würde nur geben und nichts zurückbekommen. Ich habe das Gefühl, ich bin immer derjenige, der anruft oder sich kümmert. Ehrlich gesagt, das gibt kein gutes Gefühl. So langsam habe ich keinen Bock mehr darauf. Was denkst du darüber, Raphael?«

»Freundschaften sind etwas sehr Kostbares in der heutigen Zeit; Freundschaften bedürfen der Pflege. Ich führe keine Strichlisten von Freunden und guten Bekannten, wer sich wann gemeldet hat und ob nicht der ›Andere‹ mal an der Reihe wäre, sich zu melden. Einfach mal ein kleines Hallo, ein Mutmacher, ein Lebenszeichen. Dabei überlege ich manchmal, ob eine Mail oder Kurznachricht angebracht ist oder ob ich lieber mal zum Telefonhörer greife. Doch gibt es auch Grenzen. Wenn eine Freundschaft zu einseitig wird und – das gibt es auch – sich nur um die wohlgeratenen Kinder und das Wetter dreht, kann sie auch mal hinterfragt werden. Da tat ich mich lange schwer. Wer mich mal hatte, den ließ ich nicht mehr los. Genau dieses Loslassen war wie eine Befreiung. Auf Dauer ist es sehr belastend, an Freundschaften festzuhalten, die keine mehr sind. Die Erkenntnis tut weh, doch das Festhalten auch.«

Ich sah auf die Uhr und wunderte mich, wo die Zeit geblieben war. Fast war eine Stunde um. Und doch wünschte ich mir, das Gespräch möge noch lange weitergehen. Gefühlt hatte ich heiße Ohren und rote Backen.

Stille kehrte ein.

»Guten Tag, darf ich mich zu euch setzen? Es ist sonst kein Platz mehr frei. Ich möchte euer Gespräch auf keinen Fall stören.«

Wir sahen auf und blickten in ein sympathisches Lächeln. Das Lächeln gehörte zu einer Frau mit langen schwarzen Haaren, dezent modisch gekleidet, so um die fünfzig.

Raphael ergriff das Wort: »Wenn es Sie nicht stört, dass wir uns gerade über unsere Ängste unterhalten.«

Sie legte den Kopf etwas zur Seite: »Männer unterhalten sich über ihre Ängste, hmmm, das kann ich mir nicht entgehen lassen. Ich bin Cloe, gerne *du*. Und NEIN, das Angstgespräch stört mich nicht. Tut bitte so, als sei ich nicht da.«

Cloe vertiefte sich in eine mitgebrachte Lektüre.

»Wo waren wir stehengeblieben?«, versuchte Gabriel das Gespräch wieder aufzunehmen. »Was hast du noch getan bei deiner persönlichen Angstbewältigung?«

»Ich habe mich in Sozialcourage geübt«, fuhr Raphael fort. »Ich nenne es mal so. Ich meine damit kleine ›Mutproben‹. Mal gegen den Strom schwimmen, etwas Verrücktes tun, mal NEIN sagen, eine Mindermeinung selbstbewusst vertreten. Im Restaurant auf die Frage ›Hat es geschmeckt?‹ NEIN sagen, wenn es wirklich mal nicht geschmeckt hat. Ich gebe mir das nicht immer, doch es kommt vor. Sich durchsetzen bei einem Umtausch oder einer Preisverhandlung. Den reservierten Sitzplatz behaupten, wenn jemand anderes dort sitzt.

Doch Vorsicht: Der Ton macht die Musik; Bestimmtheit geht auch höflich. Für mich gehört ebenso dazu, für mich Raum einzunehmen. Aufgefallen ist mir das, als ich früher beim Joggen links an der Grasnarbe lief, dort, wo die Hunde immer hinpinkeln. Auch im Autoverkehr war ich immer der Höfliche, der gewinkt und geblinkt hat, geradezu unterwürfig war. Ich habe mir angewöhnt, auch mal andere höflich sein zu lassen. Das Gleiche gilt für den ›Fußgängerbegegnungsverkehr‹. Stets war ich derjenige, der auswich. Immer! Auch hier schaue ich auf eine gewisse Ausgewogenheit. Ich übe das zuweilen, und zwar mit Leichtigkeit und Humor. Es käme mir nicht in den Sinn, beim Üben jemand an- oder gar umzurempeln.

Noch eine wahre Geschichte zum Thema Angstübungen. Ich wollte in der Fußgängerzone meiner Heimatstadt üben, im Fußgängerbegegnungsverkehr nicht auszuweichen. Eine Frau kam genau in meinen Laufweg. Wir standen so etwa drei Meter voreinander mit strengem Blickkontakt. Was soll ich sagen? Sie ging nicht rüber, ich auch nicht. Zwei Meter. Sie ging nicht rüber, ich auch nicht. Schließlich standen wir uns Kopf an Kopf, Auge in Auge gegenüber. Keiner wich. Nach schier endloser Zeit grinste sie und meinte: ›Ich nehme mal an, Sie üben auch gerade.‹ Wir lachten herzlich und hatten noch ein schönes, ergiebiges Gespräch.

Wie gesagt, Angstübungen können auch Spaß machen.«

Eine Pause trat ein.

»Kennt ihr ›Energieräuber‹?«, riss Raphael uns aus unseren Gedanken.

»Du meinst damit bestimmt die Bekannten,

die ich täglich in der Fußgängerzone treffe und bei denen ich nach 10 Minuten nur noch den Gedanken habe ›Bloß weg, der lutscht mich total aus!‹?«, fragte ich nach.

»Ja, genau die meinte ich. Diese Energieräuber treiben ein bewusstes oder unbewusstes Energiespiel. Sie rauben mir meine Energie und gehen selbst gestärkt aus dem Gespräch. Gewinnen wollen ist nicht das vorrangige Thema. Die ›Waffen‹ der Energieräuber: Destruktivität, stets halb leere Gläser und permanente Gesprächszerstörer. Sie wissen alles besser, sie können alles besser, und sie zerreden alles, was mir guttut. Wichtig ist, zu wissen, dass es solche Menschen gibt und in vielen Situationen nur die Käseglocke und die Flucht bleibt. Achtet mal auf solche Zeitgenossen.«

»Manchmal würde ich mich dann am liebsten verkriechen oder unsichtbar machen«, ergänzte Gabriel. »Sag mal, hast du ergänzend Entspannungsübungen gemacht?«

»Ja! Entspannungsübungen machen belastbarer. Wo Entspannung ist, hat Spannung keinen Platz. Die ›Mücke an der Wand‹ stört nicht mehr, das Nervenkostüm hat mehr ›Kredit‹. Ich kann nur empfehlen, eine Entspannungsübung zu erlernen. Egal ob Jacobson, Autogenes Training, Yoga, je nach Geschmack. Ich tendiere zu Jacobson, insbesondere deshalb, weil sich kurze

Segmente wie das Fäusteballen und Loslassen auch in der Praxis in einer belastenden Situation bewährt haben. Ich bleibe dann handlungsfähig. Auch Kurzatemübungen wie das Einatmen in den Bauch und das folgende spürbare Ausatmen lassen sich auf jeder Parkbank durchführen. Das Spazierengehen mit dem Hund oder Musikhören kann bewusst zur Entspannung genutzt werden.«

»Du fährst ganz schön Achterbahn mit uns«, sagte ich. »Das ist aber kein Vorwurf, im Gegenteil, es tut gut. Hast du noch was auf Lager?«, versuchte ich zu scherzen.

»Gab es noch Punkte in deiner Bewältigung, die dein Verständnis vertieft haben?«, fragte Gabriel.

Raphael überlegte kurz und antwortete dann: »Da gibt es noch was – sicherlich keine leichte Kost, für niemand, doch es lohnt sich.«

»Jetzt spann uns nicht so auf die Folter«, sagte ich ungeduldig.

»Nun«, fuhr Raphael fort, »es ist hilfreich, sich mit dem eigenen Tod zu befassen.«

Bei Gabriel und mir setzte so etwas wie eine Schnappatmung ein, die von einem lauten ausatmenden Pfeifen begleitet war. Cloe blickte zum ersten Mal offenbar interessiert auf.

»Mir ging es nicht darum zu sterben, sondern sich zu Lebzeiten mit einem sehr natürlichen

Thema zu befassen, um letztlich gelassener zu leben. Viele Betroffene im Bereich der Angst- und Depressionserkrankungen schlittern immer wieder um genau dieses Thema herum. Meine Herzphobie hatte exakt diesen Inhalt. Ich habe starke Ängste entwickelt, früh an einem Herzinfarkt zu sterben. Je mehr ich meinen Puls kontrollierte, desto unregelmäßiger wurde er. Angstbetroffene sind regelrecht militant, wenn es darum geht, Garantien zu erhalten. Und diese Garantien gibt es eben nicht, weder vom Therapeuten noch vom Kardiologen oder von irgendeinem Medikament. WIR MÜSSEN ALLE IRGENDWANN STERBEN. Vielleicht gibt es um der Garantie willen so viele Menschen, die über die Maßen kontrolliert sind und perfektionistisch alles im Griff haben wollen. Auch ich war zeitweilig ein Puppenspieler, der alle Fäden des Lebens in der Hand haben wollte. Die Kontrolle fordert das Ausschalten jeglichen Restrisikos. Doch: Wer alles schützen will, schützt nichts! Ich kann Risiken minimieren, nur noch zu Hause bleiben, Menschen meiden und mich im Bad einsperren. Natürlich kann ich mir dann in der Badewanne das Genick brechen. Etwas Restrisiko bleibt immer. Es gibt ein anderes Wort für das Restrisiko: *Leben*. Durch meine Kontrollsucht – ich nenne es auch ›Suche nach Kontrolle‹ – verbrauchte ich eine Menge Energie und merkte, wie genau das Gegenteil passierte. Es wurde immer schlimmer, langsam glitt mir alles aus den Händen und ich wurde zunehmend unruhiger. Meine Puppen hatten womöglich den Spieß umgedreht.

Ein Schlüsselerlebnis diesbezüglich war mein Besuch beim Kardiologen, der ein Belastungs-EKG machte. ›Alles in Ordnung. Ein kräftiges Herz haben Sie, alles unauffällig. Doch um Ihre Frage zu beantworten: Ich kann Ihnen keinerlei Garantie geben. Ich hatte Patienten, die unauffällig waren und zwei Stunden später tot umgekippt sind. Wie es Altpräsident Walter Scheel formulierte: *Nichts im Leben ist ohne Risiko, aber ohne Risiko auch kein Leben.* Wir haben nichts in der eigenen Hand. Genießen Sie jede Stunde Ihres Lebens, einen besseren Tipp kann ich Ihnen nicht geben.‹

Geht raus, nehmt am Leben teil, lasst euch die Lebensfreude nicht nehmen, seid emotional, bunt, ein wenig verrückt und HERZ-lich.«

Stille war eingekehrt am Tisch. Trotz des Trubels in dem voll besetzten Lokal war sie zu spüren. Die Erkenntnis ›Es gibt keine Garantien‹ kann schon entwurzelnd sein.

Cloe blickte in unsere nachdenklichen Gesichter und nickte Raphael freundlich zu.

»Betet ihr?«, fragte Raphael unvermittelt in die

Runde.

»Ja, als Kind öfter, aber ich bezweifle immer mehr, dass es Gott gibt«, sagte ich.

»Wenn es einen Gott gäbe, würde er nicht so viel Leid durch Krieg und Hunger auf der Welt zulassen«, ergänzte Gabriel.

Zum ersten Mal fragte Cloe: »Darf ich etwas sagen?«

»Nur zu.«

»Ihr macht es euch sehr leicht, wenn ihr meint, der liebe Gott sei an allem schuld. Wenn ihr genug Bockmist auf dieser Welt gebaut habt und nicht mehr weiterwisst, soll Gott es richten. Er soll aufräumen oder hätte es besser gar nicht geschehen lassen sollen. Ihr macht ihn dafür verantwortlich, obwohl es in eurer Verantwortung liegt. Ihr habt einen freien Willen. Der Preis dafür ist, für sein eigenes Handeln Verantwortung zu übernehmen.«

Nachdenkliche Stille, Gemurmel und zögerliches Zustimmen.

»Du bist also religiös, Raphael«, nahm ich die Unterhaltung wieder auf.

»Ich bin kein religiöser Mensch, doch ich glaube«, erwiderte er. »Das ist für mich kein Widerspruch. Ich sitze oft außerhalb des Gottesdienstes in der Kirche, vorne, dritte Bank, zünde vorher eine Kerze an und halte – wie ich das immer formuliere – ein Gespräch mit dem ›Chef‹, denke an liebe Menschen, auch an die, die bereits verstorben sind. Sie sind dann ganz bei mir, ich spüre meine und ihre Liebe. Ich habe diesbezüglich schon viele Erkenntnisse bekommen: Antworten auf meine Fragen, Trost, Mut! Ich führe diese Gespräche nicht nur, wenn ich mich gerade ganz schlecht fühle, sondern auch, wenn mir etwas besonders gut gelungen ist und ich mich bedanken möchte. Ich möchte keine Grundsatzdiskussion führen, ob jemand glaubt oder nicht, und auch niemand ›bekehren‹. Doch möchte ich diejenigen ermuntern, die in ihrem Glauben Trost und Mut finden. Auch wenn das jemand anders sieht, ich stimme nicht darin überein, dass – wenn es Gott geben sollte – er die schlimmen Dinge so nicht zulassen würde. Wir haben einen freien Willen bekommen, und das ist gut so. Die Frage ist eher, was haben wir daraus gemacht?«

Cloe nickte Raphael erneut zu.

»Ich habe jetzt sehr viel über meinen Weg geredet, doch bedenkt: ›Das Rennen gewinnen nicht immer die Schnellsten, sondern diejenigen, die über die meiste Ausdauer verfügen.‹ Ich möchte nicht fragen, was euch an meinen Erkenntnissen am meisten gestört hat. Möglicherweise sind das dann genau die Themen, die ihr angehen müsst.«

Gabriel fand als Erster wieder Worte: »Ich

kann nicht sagen, mich habe etwas gestört, ganz im Gegenteil, ich habe viele Perspektiven bekommen. Manche fühlen sich leicht und andere sperrig an.«

»Du meinst bestimmt das Thema mit dem Tod«, platzte es aus mir heraus.

»Ja genau, aber da ist was dran«, meinte Gabriel.

»Erfolgsgeschichten sind manchmal frustrierend. Es gibt so ein Gefühl, noch sehr viele Kilometer Weg vor mir zu haben«, seufzte ich, »ich weiß, ›jeder Weg beginnt irgendwann mit dem ersten Schritt‹. Etwas abgedroschen und schlaumeierisch, aber ja, so ist es.«

»Raphael, das war in der Tat umfangreich, kannst du deinen Weg mit ein paar greifbaren Sätzen beschreiben?«, bat Gabriel.

»Ich wurde von einem Journalisten genau dasselbe gefragt. Mir fiel folgende Antwort an: ›Trauere, wenn du Trauer hast, und weine; lege Schuld und Recht-haben-Wollen ad acta, gehe liebevoll mit dir um, lasse dich nicht davon leiten, was andere Menschen über dich denken könnten. Ja – und sei in dem Gedanken, jeder müsse dich mögen, nicht zu brav! Überlege nicht, ob du dann nicht mehr so geliebt wirst. Lege Perfektionismus und den ›Griff‹ in deinem Leben ab. Gehe Risiken ein und lebe. Pass auf den Puppenspieler in dir auf, der alle Fäden in der Hand haben will. Suche die Anerkennung nicht um jeden Preis. Gib die Vorstellung auf, du könntest das Leben und den Tod kontrollieren. Sage nein, wenn du ›NEIN!‹ meinst. Setze Grenzen und rote Linien, die andere nicht überschreiten dürfen. Lasse alte Wunden los, verzeihe, und schreibe dein Lebensdrehbuch neu. Es lohnt sich. Fremdgesteuert oder selbstbestimmt? Befreie das Dornröschen in dir, und fühle dich frei.‹«

»Danke, Raphael«, sagte ich. »Ein weiter Weg, doch – obwohl er noch vor mir liegt – verstehe ich ihn nun besser.

Gabriel, was hast du nach acht Wochen gelernt?«, fragte ich unvermittelt. Ich glaube, meine Frage war von viel Angst vor meinem mir bevorstehenden Weg begleitet.

Das Wichtigste«, begann Gabriel, »ist die Erkenntnis, liebevoller mit mir umzugehen und vorwärts zu gehen. ›Wer geht, verliert immer ein wenig den Boden unter den Füßen‹, sagte Stefan Brotbeck, ein Schweizer Philosoph und Anthroposoph. Doch es lohnt sich, das Leben anzunehmen und auch mal auf Risiko zu gehen.«

»Vielleicht komme ich noch dahin, mich mehr zu lieben.«

Gabriel dachte nach, richtete sich mit einem ernsthaften Blick an mich und fragte: »Weißt du, was Vogelscheiße am Auto mit Angstbewältigung zu tun hat?«

»Nein«, sagte ich, »ich vermute, eine Metapher?«

»Ja genau. Du kannst dich lang und breit über die Vogelscheiße an deinem Auto aufregen.«

»Oder?«

»Oder du holst dir gleich ein Tuch und einen kleinen Eimer mit lauwarmem Wasser und entfernst sie.«

»Ich glaube, ich verstehe. Nichts mehr auf die lange Bank schieben!«

»Du kannst dich lange beklagen, wie schwer alles ist. Dann wird es auch schwer. Wenn du einige Kubikmeter Mutterboden bestellt hast, dann nimm eine Schaufel und fange an. So geht es mit jedem Berg in deinem Leben. Anfangen!

Aber sachte. Bei den neuen Wegen kommt es schon mal vor, dass du heiße Füße bekommst. Ups – zu weit vorgewagt?! Stell dir vor, du liegst am Strand im bequemen Liegestuhl und willst dich im Wasser abkühlen. Du rennst los und nach 20 Metern merkst du, wie heiß der Sand ist. Was tun? Zurück oder vor ans Wasser? Eher vor ins Wasser! Ziel ist, ans Wasser zu kommen und die heißen Füße einzukalkulieren.«

»Und wie lerne ich, mich mehr zu lieben?«, fragte ich und griff das Thema wieder auf. »Damit tue ich mich schwer. Meistens mache ich mich selbst runter.«

Raphael ergriff das Wort: »›Sich selbst lieben‹ kannst du nicht mit einem Wort erklären. Liebe ist eine Lebenseinstellung, eine freudige Sicht der Dinge. Wahrscheinlich definiert das jeder anders. Es mag wissenschaftliche, philosophische, religiöse und therapeutische Definitionen geben – ich bleibe jetzt bei meiner eigenen Auffassung von Liebe. Liebevoller mit sich selbst umgehen ist das beste Rezept, das du haben kannst. Keines ist wirkungsvoller. Es gibt nicht *die* Eigenliebe per se. Vielmehr ist sie eine Summe aus Gedanken, Gefühlen und Verhalten.«

»Und was ist Selbst-Liebe für dich?«

»Sich selbst lieben ist zunächst mal verpönt und wird oft mit Narzissmus verwechselt, der krankhaften Eigenliebe. Ich glaube, wir wurden – oft unbewusst – dazu erzogen, uns selbst nicht zu mögen. ›Einen Brief beginnt man nicht mit *Ich*‹ und ›Der Esel nennt sich immer zuerst‹ waren lange Zeit Leitsätze der Erziehung. Du kannst es auch auf den Punkt bringen: ›Die anderen sind wichtiger als du.‹«

Murmeln. Zustimmung.

»Fangen wir mit der Optik an: Wie sehe ich aus? Sehe ich nur meine Makel? Meine Figur, meine Nase, meine Haut, meine Haare? Sind es nicht vielleicht gerade meine Makel, die von anderen Menschen gemocht werden? Wer hat keine Merkmale, die unzufrieden machen? Wer ist vollkommen? Die entscheidende Frage aber ist: Mögen sich die ›Makellosen‹ denn mehr?

Seid ihr noch bei mir?«, vergewisserte sich Raphael.

»Wir hören zu. Es scheint, als hätten wir das alle schon erlebt«, pflichteten Gabriel und ich bei.

Raphael fuhr fort: »Alles wahrnehmen und spüren, aber sortieren. Was ist wichtig, was bewerte ich über. Will ich alles lenken und leiten, alles im Griff haben? Ich will die Fäden in der Hand haben, alles kontrollieren. Ich habe am Leben jedoch noch keinen Griff gesehen. Überlassen wir das Landen den Piloten, die Zahnbehandlung den Zahnärzten. Ich sage es noch mal: Wer alles kontrollieren möchte, kontrolliert in erster Linie sich selbst. Da ist kein Platz für Vertrauen. Wo zu viel Kontrolle ist, fehlt die Lebensfreude, das Spontane, die persönliche Kreativität. Mal etwas Neues zulassen, selbstbewusst gegen den Strom schwimmen und Risiken eingehen. Wie schön! Etwas geschehen lassen, die Fäden aus der Hand geben. Löse vorrangig *deine* Probleme. Spanne dich nicht selbst vor einen Karren, sondern mache *deinen* ›Job‹. Übernimm nicht noch alle anderen, die gehören dir nicht.«

»Hm, da gibt es aber ganz schön Gegenwind, wenn ich nicht mit dem Strom schwimme«, protestierte ich.

»Stimmt!«, sagte Raphael. »Die Gegenwehr und das Gefühl, nicht mehr zu einer Gruppe zu gehören, scheinbar nicht mehr gemocht zu werden, einsamer zu werden ist der Preis für ein selbstbestimmtes Leben. Du kannst selbst entscheiden: Möchte ich um jeden Preis gemocht werden, oder will ich selbstbestimmt leben? Ich stelle nicht in Abrede, manchmal auch Kompromisse einzugehen. Ich halte es für mich mit dem Gebet einer Nonne: ›Lieber Gott, lasse mich offen und ehrlich sein, aber vielleicht nicht zu ehrlich, ein paar Freunde möchte ich schon noch gerne haben.‹«

Gelächter.

»Eine kluge Frau«, meinte Cloe.

Raphael nahm das Gespräch wieder auf.

»Ich habe Angst vor Verlust. Doch was ist mein und was nur ›geliehen‹? Sorgen über Sorgen, zu viele sind hausgemacht, gar nicht so schlimm, Luftgefechte sozusagen.

Ich nehme mich ernst. Gut so. Vielleicht zu ernst? Wo bleibt mein Lachen, meine Bereitschaft, mich auf den Arm zu nehmen, mich selbst zu belachen?

Ich respektiere mich! Wirklich? Wie gehe ich mit meinen Fehlern um, mit meinen eigenen und denen der anderen? Ist es wirklich erstrebenswert, perfekt sein zu wollen? Ich lasse mich fallen in die Geborgenheit des Lebens. Ich lebe meine Stärken und küsse meine Schwächen. Ich bin begrenzt und dennoch – es tut gut, zuweilen über diese Begrenzung hinauszugehen.

Vorausschauen? Ja gerne! Aber alles, was in meinem Leben passieren wird, akribisch planen? Freiräume lassen in dem, was passieren wird, ist wirkliche Freiheit.

Gefühle zeigen? Ja – endlich! Sich spüren, ausleben. Ich sein, frei sein von innerlichen und äußerlichen Zwängen, so gut es geht. Ich erlebe, wie ich mir viele Zwänge selbst mache. Nehme ich all die kleinen Verletzungen an, oder entscheide ich mich für Selbstbestimmung?

Ich bin neugierig, eine Spur verrückt, wild und sanft zugleich. Meine Freude durchfließt meinen ganzen Körper, jede Zelle, und gibt mir Stärke und Halt. Jeder liebevolle Gedanke bringt liebevolle Gefühle hervor, lässt das Herz hüpfen vor Freude, macht mir weiche Knie. Nicht umsonst wird das Herz als Sitz der Liebe bezeichnet. Das lässt erahnen, wie störanfällig das Herz sein kann.

Fünf gerade sein lassen, nicht immer Sieger sein wollen, Nullsummenspiele vermeiden, verzeihen, vergeben, nicht hassen.

Hilfe annehmen, doch sich nicht in Abhängigkeiten begeben. Nett sein zu sich selbst. Anderen gegenüber Grenzen setzen, dann sauge ich kleine Verletzungen nicht mehr auf wie ein Schwamm. Folge: Die Verletzungen werden weniger. Ecken und Kanten leben. Einen Rückzieher machen, wenn ich zu weit gegangen bin. Sich entschuldigen – eigentlich mag ich das Wort nicht –, vielleicht sagen: ›Es tut mir leid, ich habe wohl überzogen.‹

Unabhängig von dem ›Wenn das so wäre oder so‹ glücklich sein. Noch mal, ich kenne kein besseres Rezept als die Liebe. Die Liebe fängt bei mir an, bei sonst niemand. Liebe ist auf einer höheren Ebene Licht, das für dich leuchtet und die Dunkelheit vertreibt.

Authentisch sein, sich wunderbar fühlen. Überzeugt sein von dem, was ich tue. Doch nichts ist starr und für immer in Stein gehauen. Dinge ändern sich, halte nicht zu sehr fest, du darfst deine Meinung auch mal ändern.

Viele Erklärungen ... Doch sich selbst lieben heißt, gut mit sich (und anderen) umzugehen. Wir leben, um zu lieben, und wir lieben, um zu leben. Krass ausgedrückt: ›Wenn wir nicht lieben, leben wir nicht, und wenn wir nicht leben, dann lieben wir nicht.‹ Liebe ist das reinste Vertrauen auf den Sinn des Lebens. Wer es mag, das ist Gottvertrauen!«

»Ich fasse mal zusammen, was ich verstanden habe«, meldete sich Gabriel zu Wort: »Sich selbst lieben heißt, trotz meinen Macken und vermeintlichen Fehlern liebevoll mit mir umzugehen und dem, was andere Menschen (›man‹) gut für mich finden, eine deutliche Absage zu erteilen und – das sei erlaubt – einen ganz kleinen Stinkefinger zu zeigen.«

»Das trifft es«, sagte Raphael. »Der Stinkefinger sei erlaubt. Er ist nur ein klares Symbol für ›NEIN!‹. Dort, wo ›NEIN!‹ möglich ist, und dort, wo ich ›NEIN!‹ wirklich meine. Die längste Studie, die zum Thema ›Glück‹ über 75 Jahre gemacht wurde, kam zu dem einfachen Schluss, dass Glück mit Liebe zu tun hat und bei allem Suchen im Außen nur im Inneren gefunden werden kann. Wir können gerne weiterdiskutieren, doch im Grunde läuft alles auf ein Ergebnis hinaus: ›Jeder möchte lieben und geliebt werden!‹ Arthur Rubinstein sagte sinngemäß: ›Das Glück findest du nur, wenn du keine Bedingungen stellst, die nur das EGO belohnen.‹

Fang endlich damit an, es ist nicht so unsagbar schwer.

Das Gegenteil von Angst ist – du wirst es noch nie so überlegt haben – LIEBE.«

Für eine Weile kehrte Stille ein. Alle am Tisch dachten nach, ließen die Worte in sich nachklingen. Sie nickten sich zu. Stilles Verstehen, auch ohne zu reden. Dankbarkeit. Selbsterkenntnisse. Offene Fragen.

»Wie geht es dir heute nach so vielen Jahren des Abstands?«, fragte ich Raphael.

»Sehr gut«, antwortete er. »Ich habe meine Ängste weitgehend bewältigt, habe so gut wie keine Einschränkungen mehr. Mit meinen Rest-ängsten habe ich mich arrangiert. Sie sind die Wachtposten, damit ich nicht mehr in alte Ge-wohnheiten zurückfalle. Ein Leben ohne Angst wird es nie geben, und die Angst als natürliche Schutzfunktion ist auch wichtig.

Dennoch bin ich nicht Supermann und bin auch nicht sorgenfrei. Es gibt Erlebnisse, da feh-len mir einfach die Worte. Ich habe mir ange-wöhnt, das nicht als Mangel an Schlagfertigkeit zu sehen, sondern als spirituelles Zeichen, in dem speziellen Fall besser den Mund zu halten. Ich muss nicht zu allem etwas Schlaues sagen. Gut für meinen Energiehaushalt, nicht auf jedes Pferd zu springen, das mir andere satteln. Glaube an deine eigenen Fähigkeiten! Doch manchmal ist es sehr klug, wenn du nicht jeden wissen lässt, wel-che vielfachen Fähigkeiten du hast. Du entfachst damit nämlich eine Art Spiel: Entweder wirst du für alle möglichen Dinge vor einen Karren ge-spannt, oder viele wollen dir pausenlos beweisen, dass du ihnen hoffnungslos unterlegen bist.

Ich könnte es so ausdrücken, dass ich mein Repertoire an Stress- und Angstbewältigung erweitert habe, mehr und bessere Lösungen finde. Erneute Trauer oder ernsthafte Sorgen lassen die Ängste auch mal wieder aufflammen. Ein Vorgang, der nötig ist. Trauer z. B. will auch verarbeitet werden. Ich habe damals nach der Klinik ›psychische Nachsorge‹ gehabt, bestimmte jedoch die Schlagzahl an therapeutischen Sitzungen selbst.«

»Wie reagierte denn euer soziales Umfeld?«, fragte ich unvermittelt. »Ich habe bis heute nicht das Gefühl, überhaupt verstanden zu werden.«

»Da sagst du was«, meinte Gabriel beipflichtend. »Meine Frau hat zu mir gehalten, war jedoch ziemlich ratlos. Meine Kinder haben es ignoriert, meine Kollegen und Freunde verstanden gar nichts und ließen sich alles über die Hintertür von meiner Frau erklären.«

Raphael nickte zustimmend. »Der Sinn einer Verhaltenstherapie ist ja logischerweise eine Verhaltensänderung. Nur – ich wurde selbstbewusster, sagte auch mal Nein, blieb auch mal bei meiner Meinung, obwohl es eine Mindermeinung war, alles nicht so einfach für mein soziales Umfeld. Relativ schnell fielen Sätze wie ›Früher warst du mir lieber‹ und ›Du hast dich aber sehr zu deinem Nachteil verändert‹. Mein Chef nahm mich auf die Seite: ›Was du in der Reha gelernt hast, mag gut sein für dich, aber wir kommen damit nicht klar.‹ Ein konkretes Nachfragen meinerseits offenbarte die wahren Gründe: Ich war aus der Sicht meiner Vorgesetzten nicht mehr so einfach zu händeln wie vorher. Sie wollten den Mitarbeiter zurück, der wie der Ochse am Nasenring zu führen war. Doch der wollte ich nicht mehr sein. Ich kann es nicht verhehlen: Das gab Konflikte! Ich hatte danach oft das Gefühl, gemobbt zu werden. Zumindest spürte ich das Missfallen über meine neuen Verhaltensweisen. Ich gebe zu, das ist nicht einfach auszuhalten und erfordert durchaus ein gewisses Selbstbewusstsein. Wenn du gegen den Strom schwimmst, möchte der Strom dich zurückhaben, koste es, was es wolle.

Ein Hinweis darauf, allen Beteiligten etwas Zeit zu geben, auf den veränderten Menschen zu reagieren.«

»Interessant«, pflichtete Gabriel bei, »dann könnte die Rückmeldung ›Früher warst du mir lieber‹ ein Kompliment sein.«

»Ein Kompliment eher nicht«, erwiderte Raphael lächelnd, »wenn du jetzt nicht komplett abgedreht bist, aber ein wichtiger Hinweis, dass du auf dem richtigen Weg bist. Verhaltensänderung geschieht manchmal etwas holprig. Insbesondere beim Nein-Sagen kann sich schon mal jemand angegriffen fühlen. Doch das reguliert sich wieder und wird zunehmend authentisch, also stimmig. Wenn du mal über das Ziel hinausgeschossen bist, könnt ihr das kommunizieren. Vorausgesetzt ihr merkt es«, ergänzte er augenzwinkernd.

»Du weißt sehr viel über die Angst«, meldete sich Cloe, die sich bisher zurückgehalten hatte. »Nutze es für die Menschen, die deine Hilfe benötigen«, sagte sie eindringlich. Ihre Stimme war gütig und Mut machend. »Vergiss aber bei all deiner Hilfe, deinem Kümmern, deiner Zeit, deinem Zuhören nicht dich selbst. Hilfe besteht nicht darin, sich selbst zu vernachlässigen.«

»Nun, neben den Vorträgen berate ich Menschen, die sich Hilfe suchend an mich wenden. Entweder über meine Website oder über das Portal der *Deutschen Angst-Hilfe*, für die ich berate.«

»Wie schön«, strahlte Cloe.

»Die Beratung ist jedoch nicht therapeutischer oder medizinischer Art. Alle im Team haben Angstgeschichten erlebt und sind damit in positiver Weise umgegangen. Wir beraten online.«

»Die Menschen, die sich an euch wenden, fühlen sich bestimmt gut verstanden, wenn auf der anderen Seite jemand sitzt, der das schon mal selbst erlebt hat?«, stellte ich fragend fest. »Kannst du allen helfen, oder kommst du auch mal nicht weiter?«

»Allen helfen zu können, wäre ein zu hoher Anspruch«, sagte Raphael. »Das hängt von verschiedenen Faktoren ab, z. B. ob ich individuell die richtigen Worte finde. Jeder tickt anders. Die einen wollen Behutsamkeit, die nächsten klare Kante. Es kommt schon mal vor, dass ich in einer Sackgasse stecke. Doch dann kann ich mein Team fragen; wir unterstützen uns gegenseitig.«

»Supertoll«, waren sich alle am Tisch einig.

»Was sind denn so die Probleme der Hilfesuchenden?«, fragte ich.

»Ihr werdet verstehen, dass ich aus Gründen der Verschwiegenheit nur allgemein antworten kann. Im Grunde genommen sind es die gleichen Probleme, die wir hier am Tisch haben: Panikattacken, Generalisierte Angststörung, Herzphobie, Soziale Angststörung, Platzängste, Zwänge, spezifische Phobien, Hypochondrie. Hinzu kommen aktuelle Ereignisse wie Angst vor Corona, Angst vor einer Diktatur oder der Krieg in der Ukraine. Insgesamt eine breite Palette.«

Raphael hielt inne und schien zu überlegen. Vielleicht ließ er gerade seine Beratungen Revue passieren.

»Dich beschäftigt etwas, Raphael, das dir Unbehagen bereitet. Raus damit«, ermutigte Cloe.

Sie hatte recht mit ihrer Vermutung, denn Raphael antwortete: »Bei den Beratungen merke ich schon, wie die breite Mehrheit eine Vorstellung von Angst und Panik hat, die ich schon lange hinter mir gelassen habe. Alle wollen die Ängste bekämpfen und besiegen. Manche leiden schon seit Jahrzehnten und wollen nun von mir zwei ultimative Tipps, wie sie ihre Angst wieder loswerden können«, machte sich Raphael ein wenig Luft.

»Habe Geduld und begleite sie ein Stück des Weges und hilf ihnen, zu verstehen«, sagte Cloe milde.

»Das kannst du gar nicht leisten, das wäre übermenschlich«, sagten Gabriel und ich fast gleichzeitig.

»Natürlich nicht. Aber ich dachte ja auch mal so«, zeigte Raphael Verständnis. »Nur, ich bekämpfte mich eben ständig selbst. Den Lichtschalter gibt es nicht, der alles beendet. Alles Gute an der Angstbewältigung beginnt mit der Akzeptanz der Angst und der Einstellung aller Kampfeshandlungen.«

»Aber die Leute sagen doch immer, ›Du musst nur kämpfen, du schaffst das‹«, sagte ich leicht empört.

Cloe legte ihre Hand auf meinen Arm. Es war irgendwie beruhigend, stimmig zu der Situation.

Gabriel nickte, um gleich darauf den Kopf zu schütteln. »Ich dachte zuerst auch, das wäre der Weg. Mittlerweile kann ich Raphael beipflichten.

Ich bin darauf gekommen, als ich eine Sendung im Radio hörte. Ein Mann, der Krebs hatte, wurde vom Moderator gefragt, was ihm daran, wie mit ihm umgegangen werde, am meisten stinke. Er nannte den Ratschlag mit dem Kämpfen. Er mache einsam und vermittle den Eindruck, nur genug kämpfen zu müssen, um gesund zu werden. Ergo: Wenn ich nicht gesund werde, habe ich nicht genug gekämpft. Bingo! Seitdem ich diese Sendung gehört habe, ist der Spruch ›Du musst nur kämpfen‹ für mich der fieseste Ratschlag von allen.«

»Das musst du mir erklären«, forderte ich Gabriel auf, fortzufahren, »ich verstehe das nicht, das war doch bisher mein Weg.«

»Ich verstehe dich gut, doch was hat dir dieser Weg denn gebracht, außer dass du mit Windmühlenflügeln gekämpft hast?«

Schweigen.

»Erzähl weiter, vielleicht verstehe ich es nach und nach«, sagte ich nachdenklich.

»›Du musst nur kämpfen!‹ Welch ein herausfordernder Spruch: positiv besetzt und *der* Leitwolf für Gegenwehr. ›Wer nicht kämpft, hat schon verloren!‹ Auch ich habe gegen meine Ängste gekämpft. Ich wollte sie besiegen und so schnell wie möglich wieder loswerden. Bis ich merkte: Ich bekämpfe immer nur mich selbst.

Die Akzeptanz blieb völlig auf der Strecke.

Ich hinterfragte diesen Spruch und entlarvte ihn als Ratschlag, der mich keinen Meter weiter brachte. Der Ratschlag an sich ist gut gemeint, gleichsam als Motivationsschub gedacht. Doch was richtet er an? Zunächst ist er ein Auftrag (!), mit allen Kräften etwas zu tun. Doch irgendwie macht er einsam. Ich habe nun den Schwarzen Peter und bin selbst schuld, wenn mein Kampf scheitert. Was, wenn jemand kämpft und keinen Erfolg hat? Hat er dann versagt, weil er nicht genug gekämpft hat? Hat er dann verloren?

Sogar Todesanzeigen zeugen von diesem Unsinn: ›Er kämpfte den größten Kampf seines Lebens und hat ihn am Ende doch verloren!‹ Wie würde sich jemand fühlen, wenn das über ihn geschrieben würde und er könnte es lesen?

Viele Sprachwendungen werden einfach übernommen, weil es heroisch klingt. Wir kämpfen täglich an allen Fronten; gegen Hunger, Armut, Umweltschäden, Kriminalität, Verkehrsunfälle durch Alkohol am Steuer, Bildungsnotstand … Ich kann vor Gericht um mein Recht kämpfen oder ganz einfach beim Sport, um nach einem Rückstand nicht aufzugeben. Aber ist Kämpfen immer und überall angebracht? Ist Kämpfen eine Tugend, ein Wert an sich, der Kämpfer grundsätzlich ein Held, den es zu feiern gilt?

Ganz sicher nicht. Im Gegenteil – in meinem persönlichen Leben kann Kämpfen leicht zu destruktiven Nullsummenspielen geraten.

Die alles entscheidenden Fragen sind:

›Soll ich etwas bekämpfen, das ich besser akzeptieren würde?‹

›Ist das *mein* Problem?‹

›Muss *ich* all diese Probleme lösen?

›Was macht dieser Kampf mit mir – körperlich, geistig, energetisch?‹

›Vertrage ich den Gegenwind?‹

›Was kann ich tun, was steht in meiner Macht?‹

Ich glaube: Kämpfen macht uns irgendwie hart. Wir sind hart gegen uns selbst. Zu hart. Die Messlatte des Perfektionismus liegt ziemlich hoch, schier unüberwindbar. In diesem täglichen Kampf bleibt die Lebensfreude fast komplett auf der Strecke. Wir nehmen kaum noch wirklich positive Dinge wahr.

Anstatt nach der Demo-Devise ›DAGEGEN!‹ vorzugehen, sollten wir uns vielmehr fragen: ›*Wofür* bin ich denn? Wofür stehe ich? Was ist mein Lebensplan? Was macht Sinn, wofür setze ich mich ein? Habe ich genügend Kraft dafür?‹

Ich muss auch nicht alles gut finden nach dem Motto ›Dann mach' ich mir 'nen Schlitz ins Kleid und find es wunderbar‹ (Ingrid Steeger in *Klimbim*). Damit mache ich mir ja selbst was vor.

Ich höre euch fragen: ›Soll ich etwa nicht kämpfen? Soll ich aufgeben oder etwa resignieren?‹

Nein! Doch auf der Wippe des Lebens gibt es noch viele Möglichkeiten, die zwischen Kampf und Resignation liegen.

Z. B. mir eigene Ziele setzen und sie verfolgen, wenn ich sie für richtig halte. Nicht vom Weg abweichen, ohne stur zu sein. Rahmenbedingungen können sich ändern. Ich kann dann ohne Gesichtsverlust meinen Weg korrigieren. Mutig sein, Gegenwind auch mal aushalten.

Ich war nie Kampfsportler, doch Aikido hat mich fasziniert. Die Technik nutzt die Kraft des Gegners, um Angriffe abzuwehren. Spielerisch leicht, das ist es.

Es wäre doch schön, könnte ich mit meinen Ängsten und Sorgen sprechen. Könnte hinterfragen, was meine Gedanken mit mir machen, könnte fragen, was die Ursachen meiner Probleme sind. Nun – das geht. Ist vielleicht neues Verhalten, aber es geht! Wobei hier das ›aber‹ hinter dem Komma durchaus nützlich ist.

Ich fasse zusammen: Mit dem Körper und dem Geist arbeiten, verstehen und nicht gegen sie kämpfen, das ist erfolgreiche Angstbewältigung. Als könnte ich meinen Körper zwingen, gesund zu werden! Das ist ein untauglicher Versuch.

Es gibt Dinge, für die es sich lohnt, aktiv Stellung zu beziehen. Wenn du jedoch alles bekämpfst, was bei drei nicht auf dem Baum ist, überlastest du dich. Du hast keine Energie mehr, und der Druck in deinem Kessel wird immer größer. Lass ihn nicht platzen, sondern nimm Dampf vom Kessel. Gib deinem Blutdruck und deinen Ängsten keine Steilvorlage.«

Cloe, Raphael und ich lachten herzhaft.

»Jetzt hast du aber ganz schön das Kämpfen bekämpft. Komm, wir messen mal deinen Blutdruck.«

Gabriel lachte mit, er nahm es uns nicht übel.

»Ich verstehe jetzt besser, was du meinst«, sagte ich ehrlich.

»Seid ihr eigentlich alle verheiratet und habt Kinder?«, fragte Raphael in die Runde.

»Ja, zwei.«

»Ja, dito.«

»Ich auch«, sagte Raphael. »Alle im Standard.«

»Ich bin nicht verheiratet«, sagte Cloe. »Ich bin ständig unterwegs, werde oft gerufen und gebraucht. Tatsächlich habe ich sehr viele Kinder.«

Eine kryptische Antwort, die aber niemand hinterfragte.

»Raphael, wie hat eigentlich deine Frau reagiert?«, fuhr Gabriel fort. »Das macht mir noch einiges Kopfzerbrechen.«

»Mir auch«, pflichtete ich bei.

Raphael blies langsam die Luft aus.

»Puuuh«, antwortete er, »ein wichtiges Thema. *Angst und Partnerschaft* ist ein zentrales Thema meiner Angstbewältigung. Vielleicht nicht so einfach auf Anhieb zu erkennen, lohnt sich auf jeden Fall ein Hinschauen.

Die meisten Partnerschaften werden durch einen angstbetroffenen Partner in vielseitiger Hinsicht belastet. Manche Partnerschaften halten die Erkrankung nicht aus, sie zerbrechen. Ich möchte Mut machen und darlegen, wie sehr eine Krise auch eine Chance sein kann, eine Partnerschaft neu zu definieren, wie sie stärker macht und beide Partner glücklicher – und freier im Sinne von persönlicher Entfaltung machen kann. Partnerschaft ist – unromantisch betrachtet – eine Schnittmenge von Interessenlagen. Ich fände es schlimm, wenn meine Frau und ich nur gleiche Interessen hätten. Gegensätze ziehen sich an!

Nun – Partnerschaft besteht am Anfang aus den rosaroten Gefühlen des Verliebtseins. Dieses Verliebtsein will im Laufe der Zeit gepflegt werden. Kommunikativ, aber auch mit Überraschungen statt auf eingefahrenen Gleisen. Austausch von Zärtlichkeiten trotz dem ersten Bauchansatz oder den ersten Falten.

Ich behaupte, eine glückliche Partnerschaft

besteht im Alltag neben den Gefühlen, die mich mit dem Partner verbinden, hauptsächlich aus Kommunikation. Auch in langjährigen Partnerschaften kann ein Partner nicht alles riechen, was der oder die andere gerne hätte oder nicht. Es ist von Vorteil, wenn ich meine Bedürfnisse nenne und meine Grenzen abstecke. Freiräume sind ganz wichtig: Sie bedeuten nicht, alles machen zu können, was ich will, sondern mir ein ganz persönliches kleines Reich vorzubehalten, das nur mir gehört.

Hierzu Paul Watzlawicks Geschichte von der Ehefrau, die irrtümlich annahm, ihr Mann esse gerne Cornflakes zum Frühstück. Der Ehemann, der Cornflakes nicht ausstehen konnte, seine Frau aber auch nicht verletzen wollte, machte gute Miene zum bösen Spiel und aß Tag für Tag die ungeliebten Cornflakes. Gleichzeitig nahm er sich vor, seiner Angetrauten die Wahrheit zu sagen, wenn die Packung erst aufgegessen sei. Die aufmerksame und fürsorgliche Ehefrau wartete jedoch nicht bis zum letzten Moment, sondern füllte den Cornflakes-Vorrat wieder auf, noch bevor die Packung gänzlich aufgebraucht war. Heute, 16 Jahre später, hat der Ehemann es aufgegeben, seiner Frau schonend beibringen zu wollen, dass er Cornflakes gar nicht leiden kann.

Im schlimmsten Fall wäre der genervte Ehemann irgendwann geplatzt und hätte seiner Ehefrau die Cornflakes vor die Füße gekippt. Dabei hätte er von Anfang an sagen können: ›Schatz, ich mag gar keine Cornflakes!‹

So weit zur Theorie, nun zu meinen praktischen Erfahrungen. Ich schicke voraus: Ich bezeichne das Verhalten meiner Ehefrau heute als großes Glück. Sie gab mir das, was ich am meisten brauchte: Zeit und Geduld. Eine Pistole auf der Brust im Sinne von ›Wenn das nicht bis zum Tag X besser wird mit dir, verlasse ich dich‹ hätte mich eher noch mehr abstürzen lassen. Ich konnte meine Gefühle nicht beschreiben, wusste am Anfang gar nicht, was mit mir los war. Und wenn ich sie zu beschreiben versuchte, verstand es niemand.

Während es mir nach meiner Verhaltenstherapie stetig besser ging, kam mein soziales Umfeld – wie bereits erwähnt – mit meinem veränderten Verhalten überhaupt nicht klar. Ich war aber davon überzeugt, mein Leben *leben* zu wollen. Und ehe meine Ehefrau und ich uns versahen, waren die Probleme da. Ich muckte auf. Wir hatten uns festgefahren, steckten mitten in einer Krise. Ich wollte nicht mehr so sein, wie ich vorher war. Meine Frau war tief verletzt und befremdet von ihrem neuen Raphael. Zwar gab es gegen Ende meiner Reha noch ein Partnergespräch, doch das reichte offensichtlich nicht aus. Als dann meine Frau bei einer privaten Begegnung mit meiner Therapeutin über mich klagte, machte meine Therapeutin ihr klar, das seien eben die neuen Verhaltensweisen ihres Mannes, an die sie sich gewöhnen müsse. Spätestens da knallte es. Meine Frau wusste überhaupt nicht mehr, was los war. Sie fühlte sich hilflos, weil ihr niemand meine Verhaltensänderung richtig erklärte. Gedanken wie ›Was habe ich denn jetzt schon wieder falsch gemacht?‹ gingen ihr pausenlos im Kopf herum. ›Ich halte hier alles am Laufen und dafür geht mein Mann jetzt auch noch auf mich los. Das ist doch gemein und ungerecht!‹

Was tun? Sollten wir uns trennen? Uns ging es sicher nicht alleine so. Nicht selten hören verhaltenstherapierte Ehepartner ›Früher warst du mir aber lieber‹ und ›du hast dich aber sehr zu deinem Nachteil verändert‹.

Heute bin ich mir mit meiner Frau einig: Von beiden Partnern wird etwas abverlangt. Deshalb sollte eine Therapie immer darauf ausgerichtet sein, den nicht therapierten Partner mitwachsen zu lassen, ihm eine Chance zu geben, alles zu verstehen. Wir machten einen Partnerschaftsführerschein, der das gegenseitige Verstehen und Vertrauen förderte, sozusagen eine Gebrauchsanleitung für den Partner. Wir verabschiedeten uns immer mehr von der üblichen DU-Botschaft-Kommunikation, die uns schnell auf die Palme brachte. Was bringen Vorwürfe? Ist es hilfreich, wenn jemand schuld ist oder recht hat? Nein! Diese Art der Kommunikation führte uns entweder in einen Kreislauf oder in eine Sackgasse. Ständig wurden die Leichen aus dem Keller geholt.

Der Wiederfindungsprozess war nicht einfach. Stillstände, Rückschritte und Erfolge wechselten sich ab. Ein gemeinsames Ausloten, wo sich außer der füreinander empfundenen Liebe die Schnittmengen befinden, kann aber auch sehr spannend sein. Das Herausfinden und Ansprechen der jeweiligen Bedürfnisse – endlich! – ist wie eine gemeinsame Schatzsuche.

Bekanntlich können ja frisch Verliebte ihren Partnern alles von den Augen ablesen. Dann beginnt der Alltag. Zunehmend wird es wichtiger, sich mitzuteilen. Ich spreche von mir und meinen Gefühlen, teile meine Bedürfnisse mit, sage auch, was ich nicht will. Ich vermeide Gesprächszerstörer, höre aktiv zu, melde zurück, was ich verstanden habe. Gefühle zeigen ist wahrlich keine Schwäche. Schon bald hatte ich das Gefühl, neu geboren zu sein, nicht mehr so unter Druck zu stehen. Es lag ein gewisser Zauber darin, endlich Unausgesprochenes ausgesprochen zu haben. Es war, als hätten wir uns neu entdeckt.

Autonom und doch zusammen, Freiräume, die glücklich und entspannt machen. Vertrauen! Akzeptanz der Andersartigkeit, Erkennen und Fühlen der Übereinstimmungen. Noch jung genug, jeden Tag miteinander zu genießen.

Zu einer guten Kommunikation gehört auch, streiten zu lernen. Als Einzelkinder hatten wir das nie gelernt. Wichtig beim Streiten ist, nicht zu summieren, d. h. längst Erledigtes noch mal auszupacken. Das ist für beide Seiten verletzend und löst keine Probleme. Oft steht am Ende eines Streits keine Lösung und es geht nur um die Frage, wer schuld ist oder recht hat. Diese Frage ist völlig überflüssig und trägt nie zu einer Lösung bei. Wenn der Streit keine Gewinner und Verlierer hat, tut er beiden gut. Er ist dann wie ein reinigendes Gewitter. Ich möchte einen Streit auch als konstruktiven Prozess bezeichnen, der die jeweiligen Grenzen der Partner auslotet. Streitet euch! Aber versöhnt euch auch wieder. Und geht nicht im Groll schlafen oder außer Haus.

›Was bitte schön haben denn Angst und Depression mit Partnerschaft zu tun?‹ Diesen Satz schmetterte mir eine Zuhörerin während eines Vortrages zu. *Angst/Depression und Partnerschaft* halte ich für eines der zentralen Themen im Bereich der Angstbewältigung.

Ich freue mich sehr, dass in meinen Vorträgen immer mehr Männer zu finden sind. War das Verhältnis vorher 95 % Frauen zu 5 % Männer (manche Männer brachten ihre Frau nur mal eben vorbei, ›damit ich sie auf den rechten Pfad bringe‹), so hat es sich nun bei etwa 75 % Frauen und 25 % Männern eingependelt. Ausgehend von meiner eigenen Geschichte glaube ich: Viele Männer sind Gefühls- und Kommunikationsmuffel. Sie wurden erzogen, keine Schwächen zu zeigen, der Herr im Haus zu sein und möglichst überhaupt keine Gefühle zu zeigen. Die ›Eierzeiger‹ unter den Männern sind nicht selten diejenigen, die zuerst das Schiff verlassen, wenn es brenzlig wird.

Zu meinen Vorträgen kommen nicht nur Betroffene, sondern auch Partner von Betroffenen, Mütter, Töchter, Therapeuten. Daher verfüge ich über ein breites Wissen darüber, welche Dinge die jeweiligen Rolleninhaber bewegen, auch wenn ich nicht alles selbst erlebt habe. Viele ›gesunde‹ Partner beklagen das Klammern ihres Partners, befürchten die Aufgabe jeglicher Selbstständigkeit. Sie werden mit einiger Sicherheit co-krank, wenn sie nicht gegensteuern. Der Spruch ›Mein Partner ist mein bester Therapeut‹ ist blanker Unsinn. Der Partner ist Partner und kein Therapeut! Das Beste, was er geben kann, sind Zeit, Geduld, Mitgefühl und die Bereitschaft, sich selbst weiterzuentwickeln, mitzuwachsen. Aber niemand verlangt von ihm Selbstaufgabe, Mitleiden und die Krankheit des Partners zu leben. Niemand! Irgendwann fällt dann der verhängnisvolle, manipulierende Satz: ›Wenn du mich lieben würdest, wärst du nur noch für mich da.‹ Das ist besitzergreifend und beengend, fast wie in einem Gefängnis. Den Höhepunkt stellen Erpressungen und Suiziddrohungen dar. Allerspätestens an diesem Punkt heißt es umkehren und sich schützen.

Eine besondere Herausforderung bei Partnerschaftsproblemen sind die Problemresistenten: Sie haben ein dickes Problem an der Backe, wollen es aber nicht sehen. Sie bringen ihren Partner mit Formulierungen wie ›Alles ist gut‹ und ›Aber Schatz, ich liebe dich doch‹ total aus der Fassung. Sie möchten alles so (schön bequem und eingefahren) lassen und signalisieren: ›Lass mich am besten in Ruhe!‹ ›Du bist doch krank und nicht ich, also musst du was machen!‹ Wenn sich in einem solchen Fall keine Bewegung ergibt, ist das nach meiner Erfahrung aus Gesprächen oft das Aus für eine Partnerschaft.

Ein weiteres Phänomen – und ein Tabu, wie ich meine – möchte ich nennen: Der oder die Betroffene will gar nicht gesund werden. Sie erzielen – oft unbewusst – einen Sekundärgewinn aus der Krankheit, weil sie dann geschont werden, sich jemand um sie kümmert, die Mitleidstour zieht und erfolgreich ist. ›Leiden ist leichter als lösen‹, formulierte es Bert Hellinger. Oft spielen sie sich dann noch z. B. im Chat – 24 Stunden eingeloggt – als Helfer auf und geben schlaue Ratschläge, die sie am besten bei sich selbst anwenden würden.

Ich wollte das nicht ganz am Anfang bringen. Aber ich bin der Meinung, dass nicht nur die Bewältigung mancher Ängste ein Partnerschaftsproblem mit sich bringt, sondern in vielen Beziehungen die Qualität der Beziehung selbst die Ursache für die Entstehung einer Angst- oder Depressionsproblematik sein kann.

Hilfreich ist hier – das war auch bei mir so – eine günstige Balance des Kräfteverhältnisses in der Beziehung und die Akzeptanz beider Partner, dass die Balance auch mal variieren kann. Wippt auf der Schaukel, aber nicht so, dass ihr ständig oben sitzt. In glücklichen Partnerschaften geht es nicht darum, wer gewinnt.

Wir brauchten keine Nullsummenspiele mehr. Fakt ist, dass es keinem Partner gelingen wird, seinen Traummann oder seine Traumfrau zu schnitzen. Und wäre die Traumfrau oder der Traummann nicht ein fürchterlicher Langeweiler?

Eine gute Partnerschaft ist das i-Tüpfelchen eines glücklichen Lebens. Ich wünsche euch gutes Gelingen.«

Gabriel, Cloe und ich applaudierten.

»Ein guter Vortrag«, meinte ich.

»Und ganz ohne visuelle Hilfsmittel«, stimmte Gabriel lachend ein.

»War ich nicht zu ausschweifend?«, fragte Raphael ein wenig verlegen.

»Nein, wir haben es genossen! Früher oder später kommt der Punkt, wo wir in der Partnerschaft Farbe bekennen müssen: Alles erdulden oder konkret aussprechen? Eine Verbesserung der partnerschaftlichen Qualität oder ein quälendes ›Weiter so‹?«

»Besser hätte ich es nicht ausdrücken können«, sagte Cloe.

»Du hast zwar noch nicht viel gesagt, aber du scheinst viel über Angst zu wissen, fällt dir dazu noch was Wichtiges ein? Was ist für dich die ›perfekte Reaktion‹ auf unsere Ängste?«, wollte Raphael von Cloe wissen.

»Die perfekte Angstbewältigung gibt es nicht. Sie ist ohne ein Hören auf das, was die Warnsignale bedeuten, ohne sich der Angst zu stellen, nicht möglich. Dabei will die Angst stets, dass es euch besser geht. Sie ist keine Feindin, die es zu besiegen gilt«, begann Cloe vieldeutig.

Sie sah Raphael an. »Du fragst, ob mir noch etwas Wichtiges zum Thema Angst einfällt. In der Tat! Es hat mit einem Persönlichkeitsmerkmal zu tun: dem Perfektionismus.«

Erwartungsvolle Stille.

»Was Perfektionismus betrifft, erzähle ich euch statt langer Ausführungen eine Geschichte.

Ein Perfektionist fragt einen Weisen: ›Ich mag meinen Perfektionismus eigentlich gar nicht. Wieso kommt er immer wieder? Was kann ich tun?‹

›Nun, den wichtigsten Schritt hast du schon getan, du hast ihn erkannt. Wisse, er hat viele Masken und kommt immer wieder anders daher. Sein Wirken wird ihm erleichtert durch unser EGO: Wir alle lieben die Anerkennung und werden gerne geliebt. Das ist schön so. Aber manchmal berauschen wir uns daran und tun und sagen Dinge, die wir nicht mögen, nur, um den Rausch zu vergrößern. Lege die Messlatte etwas tiefer, das tut allen gut, nicht nur dir. Sei nicht ständig mit 200 Sachen auf der Überholspur unterwegs, auch LKWs kommen meist an ihr Ziel. Und mache nicht aus jeder guten Idee ein Riesenprojekt. Tue öfter einfach nur das, was getan werden muss.‹

›Verstehe ich nicht‹, sagte der Perfektionist. ›Ich will doch Leistung bringen, damit alle mich …‹

›Lieben?‹, fragte der Weise. ›Wer sagt das, wo ist der Beweis? Vielleicht lieben dich die anderen erst dann, wenn du nicht so weit weg bist, nicht so hoch oben. Und vielleicht nutzen dich die anderen aus, weil ja deine TOP-Leistungen normal sind und keiner besonderen Würdigung bedürfen.‹

›Aber ich will doch zeigen, was ich kann.‹

›Nun‹, sagte der Weise, ›das ist der entscheidende Punkt: Mache dir deine Stärken bewusst und glaube an sie, aber benutze sie nicht immer und vor allen Dingen habe zeitweilig einfach nur den Mut, mittelmäßig zu sein. Dann bist du Mensch und wirst nicht nur deiner Stärken wegen geliebt. So sparst du deine Kräfte und bist entspannter, du lebst!‹«

»Der Mann könnte *ich* gewesen sein«, bemerkte Raphael. »Ich war ein solcher Perfektionist. Und ich bewertete meinen Perfektionismus als *gute* Charaktereigenschaft. Die Wahrheit ist: Perfektionisten leben nicht. Sie legen die Messlatte für sich und andere ganz hoch und setzen sich oft unerreichbare Ziele. Sie sind nie zufrieden und irgendwann gehen sie ihrem Umfeld tierisch auf den Geist.

Menschen sind fehlerhaft! Perfektionisten, die sich selbst und anderen nie Fehler zugestehen möchten, wollen Übermenschen sein, leben aber nicht. Ich würde mich heute als geläuterten Perfektionisten betrachten, der gelernt hat, liebe- und verständnisvoll mit sich selbst umzugehen und zeitweilige Fehler als menschlich anzunehmen. Ich muss ja nicht immer in das gleiche Loch treten, sondern kann auch einen Schritt darüber machen.

Mir ist noch ein Zuhörer einer meiner Vorträge im Bewusstsein, der mir nachher sagte: ›Weißt du, was du zum Thema Perfektionismus gesagt hast, leuchtet mir voll ein. Doch bin ich in der Firma, in der ich arbeite, für Prozessoptimierung zuständig. Ich werde dafür bezahlt, Fehler im Entwicklungsprozess aufzuspüren und abzustellen. Das überträgt sich auch auf das Privatleben.‹

Eine ganz berechtigte Frage, die sich da andeutet. Diese Frage kann ich nicht in Gänze beantworten. Ich halte es für wichtig, innezuhalten und Berufliches von Privatem zu trennen; aus eigenem Erleben ist mir aber klar, wie sehr wir in unseren Gewohnheiten leben. Erleichternd dürfte aber sein, dieses gedankliche Unterscheiden Beruf/Privatleben überhaupt zu kennen, es wahrzunehmen und danach zu handeln. Wir haben eine Wahl.

Was aber in unserer Gesellschaft viel zu kurz kommt, ist eine gesunde Fehlerkultur. Ihr könnt jemand komplett aus der Fassung bringen, wenn ihr einen Fehler zugebt. Ich rief jedes Mal ungläubiges Erstaunen hervor, wenn ich nicht groß drumherum redete und einfach zugab, einen

Fehler gemacht zu haben. Manche bekamen den Mund gar nicht mehr zu vor lauter Überraschung. Das nimmt eine Menge Druck aus dem Kessel.

Wenn jemand ›Bockmist gebaut‹ hat, kann er entweder dazu stehen, es geraderücken (›tut mir sehr leid‹) und ggf. um Hilfe bitten. Oder er redet einem anderen ein schlechtes Gewissen ein und suggeriert ihm, er sei schuld, es sei *sein* Fehler, er müsse an sich arbeiten und mehr Einsatz bringen. Jedes Mal, wenn das funktioniert, erfährt der Beschuldigende seine Bestätigung. Allerdings entfernt er sich immer weiter von seiner Eigenverantwortung und der Realität.

Für den anderen ist es wichtig, solche Spielchen zu erkennen und sich klar zu machen: ›Ich lasse mich nicht vor jeden Karren spannen.‹ Der Volksmund sagt dazu ›ausnutzen‹. Viele machen die Spielchen nur mit, weil sie sonst Liebesentzug befürchten. Aber was ist denn das für eine Liebe, die solche Bedingungen stellt?

Besonders oft kommt das Nichtzugeben von Fehlern bei Cholerikern vor. Die beiden größten Probleme von Cholerikern sind die eigene Unsicherheit und ein Mangel an Vertrauen. Die Stimmen-Lautstärke soll die Unsicherheit überdecken und an die Stelle des Vertrauens tritt die Kontrolle. Das solltest du wissen, wenn du an ihnen hochschaust. Wenn das jetzt gerade dein

Chef ist: Er wird sich durch deine Unterwürfigkeit beflügelt fühlen, mit seinen Gemeinheiten fortzufahren, denn er verachtet Unterwürfigkeit. Gegenwehr imponiert ihm eher.

Ein praktischer Rat wäre, sich den Tobenden in einer langen weißen Unterhose oder mit einem Schwimmreif um den Bauch mit frontaler Quietsche-Ente vorzustellen.«

Wir lachten.

»Wenn ich euch richtig verstanden habe, macht Perfektionismus krank«, resümierte ich.

»Ein Freifahrtschein in eine Krankheit«, bejahte Cloe. »Zusammen mit anderen Faktoren wie die Suche nach Anerkennung, die zur Sucht werden kann, Helfersyndrom, Welt-Retten-Syndrom ›Wenn keiner es tut, einer muss es ja tun, dann eben ich‹. Gepaart mit ›nicht NEIN sagen können‹ und ständiger Kontrolle, gewürzt mit ›alles im Griff haben wollen‹. Zu diesem Konzept kommt die Erziehung hinzu und damit das Nicht-eingestehen-Wollen, dass die Kindheit vorbei ist.«

»Moment mal, stopp«, sagte Gabriel, »die Erziehung ist doch ein wesentlicher Faktor, wie wir geworden sind.«

»Das stimmt«, bestätigte Raphael, »doch ich kann mich nicht immer jahrzehntelang auf der Erziehung ausruhen. ›Was soll ich machen, das ist eben meine Erziehung‹? Natürlich gibt es üble Erziehungstraumata wie sexuelle und körperliche Gewalt, die Betroffene lebenslang beschäftigen, doch das ist ein anderes Krankheitsbild.«

Cloe nickte wissend. »Allzu leicht hört ihr auf das, was ihr gerne hören möchtet; das trübt den Blick für neue Sichtweisen. Ihr sucht Bestätigung im Außen statt nach Lösungen im Innern. Manchmal ist es gesund, Dinge zu akzeptieren, die ihr nicht ändern könnt. Kennt ihr das Gelassenheitsgebet?«

»›Gott gebe mir die Gelassenheit, Dinge hinzunehmen, die ich nicht ändern kann, den Mut, Dinge zu ändern, die ich ändern kann, und die Weisheit, das eine vom anderen zu unterscheiden‹«, wusste Raphael.

Cloe nickte wieder und fuhr fort: »Das so genannte Gelassenheitsgebet von Reinhold Niebuhr[1] ist sehr klug. Vielfach angewandt, vielfach interpretiert. Wie auch immer: In diesen Momenten der Nachdenklichkeit wird die Kraft von ›Dein Wille geschehe‹ deutlich.

Ich möchte dem Gelassenheitsgebet gerne hinzufügen: ›Und gib mir die Einsicht, dass ich über Dinge, die ich nicht ändern kann, nicht mehr so oft nachdenke und rede.‹ Wenn das ›darüber reden‹ nämlich zu viel Raum einnimmt, bin

1 Quelle bis heute umstritten

ich nicht wirklich gelassen und eine bewältigt geglaubte Sache nimmt mich wieder gefangen. Und mir fehlt die tatsächliche Akzeptanz! Wann reden, wann besser schweigen? Ich verstehe ja, dass Schweigen über Dinge, die mich seelisch belasten, manchmal gesünder ist als Reden. Doch ist ständiges Schweigen um des lieben Friedens willen gesund? Und ist nicht ständiges Reden über Dinge, die ich nicht ändern kann, auch ungesund? Und ist der Klügere, der ständig nachgibt, nicht irgendwann der Dumme? Wo ist die Mitte?

Akzeptieren heißt nicht resignieren! Das ist nämlich eine häufige irrige Annahme. Ein sinnloser Kampf gegen Windmühlen bringt gewiss gar nichts. Oft beschwere ich mich, wenn ich etwas nicht ändern kann. In dem Wort ›beschweren‹ steckt ›schwer‹. Ich be-›schwere‹ mich also im wahrsten Sinne des Wortes selbst.«

»Hm«, wiegte ich nachdenklich den Kopf, »ich habe im Vorfeld schon so viel von dem gemacht, wovon wir gesprochen haben. Warum wurde es dann nicht besser bei mir? Warum ist meine Angst einfach nicht bereit, mit mir zu kooperieren und mich wieder am Leben teilhaben zu lassen? Sie ist ständig bei mir und macht es mir schwer, wenn ich versuche, mutig Neues anzugehen. Sie lässt mich einfach nicht in Ruhe, selbst bei einem harmlosen Rundgang in unserem

Wohngebiet.«

»Angst kooperiert nie!«, antwortete Cloe entschieden. »Sie ist nicht der klassische Kooperationspartner, sie ist ein *Gefühl*. Sie ist nicht schuld, wenn es jemand schlecht geht. Das liegt nicht in ihrer Absicht. Angst *ist* nur. Sie ist da, wenn jemand sie ruft. Sie kann sehr penetrant sein, zieht sich aber zurück, wenn sie merkt, dass sie nicht mehr gebraucht wird. Je mehr jemand auf seinem Weg aus der Angst ist, desto weniger wird sie gebraucht. Ab und zu überprüft sie die Standfestigkeit ihres ›Klienten‹ und wie weit er schon ist.

Einen Mutmacher hätte ich dennoch: Ihr könnt mit ihr reden, sie hört zu. Wenn ihr genau darauf achtet, werdet ihr ihre Antworten spüren. Viele verzweifeln an der Angst. Doch diejenigen, die sie verstehen, werden ein besseres Leben haben als vorher. Seid mutig. Viele haben es geschafft – doch *alle* können es schaffen! Wenn ihr aber der Angst nicht zuhört, wird sie lauter reden: Eure Beschwerden werden schlimmer.

Die Angst will immer, dass *ich* ›in Vorlage‹ trete. Wenn ich z. B. sage, ›Wenn's mir erst besser geht, dann tue ich was‹, werde ich vergeblich warten. Ängste wollen sehen, was ich *tue*. Lippenbekenntnisse reichen nicht aus.

Wenn ich mit Geduld und Leichtigkeit dauerhaft etwas für mich tue, wird der Rundgang durch das Wohngebiet automatisch ohne Symptome ablaufen. Versprochen! Im Grunde genommen liebt mich die Angst. Sie will mich nur auf etwas aufmerksam machen, was gerade bei mir schiefläuft. Es geht nie um falsch und richtig, nie um Schuld, sondern nur darum, wie ich besser mit mir umgehen kann, wie ich wahres Glück und Liebe erfahren kann. Gewissermaßen eine Gebrauchsanleitung für mich.«

Raphael nickte. »Genauso habe ich das auch erlebt. Super, Cloe, woher weißt du das alles?«

Cloe nickte freundlich, gab jedoch keine Antwort.

Fast trotzig erwiderte Gabriel: »Noch mal, warum werde ich nicht belohnt für meine Bemühungen? Ich habe doch so viel getan!«

»Möchtest du von deinen Erfahrungen berichten Raphael?«, ermunterte ihn Cloe.

»Ja, ich erzähle eine Geschichte, die mir weiterhalf:

Ein Jäger ging in den Wald, um zu jagen. Im tiefen Wald begegnete er einer alten Frau mit Kopftuch, die keck lächelte.

›Jäger‹, sagte sie, ›du bist ein Glückspilz, weil du mich heute getroffen hast! Ich bin eine Glücksfee und schenke dir einen riesigen Goldschatz. Er ist unter der großen Eiche direkt rechts neben dir vergraben. Du wirst unendlich reich sein.‹

›Gibt es Bedingungen?‹, fragte der Jäger.

›Nun, während du den Schatz ausgräbst, darfst du nicht an das kleine rote Krokodil denken, das dir beim Graben zusieht. Denkst du nur einmal daran, dann ist der Schatz für dich verloren.‹

Natürlich denkt der Jäger automatisch an das rote Krokodil, und der Schatz bleibt ihm für immer verwehrt.

Ich finde, diese Geschichte macht sehr anschaulich, warum viele Betroffene auf ihrem Weg aus Angst und Depression keinen Erfolg haben.

Das rote Krokodil ist eine Metapher für ihre Zweifel, die sie nicht ablegen wollen, die hartnäckige Stimme im Ohr, die zur Selbstumzingelung beiträgt:

Ich will ja, aber

›Es klappt bei mir ja doch nicht.‹

›Was ist, wenn mein Weg doch nicht der richtige ist?‹

›Mein Therapeut hat gesagt: *Einmal Angst, immer Angst.*‹

›Warum kommen immer diese Rückfälle?‹

›Meine Symptome sagen etwas anderes.‹

›Ich komme nicht aus meinem Kreislauf raus.‹

›Mir geht es nicht jeden Tag gleich gut.‹

Schauen wir mal genau hin. Die ›aber‹ und ›doch nicht‹ lähmen alle guten Vorsätze. Nach einem Stück des Weges kommen die altbekannten Zweifel.

Es gibt genügend Menschen, bei denen es ›geklappt‹ hat. Warum sollte es bei dir nicht gelingen?

Ein Weg, den ich mir selbst ausgewählt habe, ist wie ein Lebens-Drehbuch. Jeder richtige Weg besteht aus Umwegen und Sackgassen. Ich kann natürlich auch Abkürzungen nehmen, doch lasse ich dann viele wertvolle Erfahrungen auf meinem Weg außen vor. Ich kann jeden Weg korrigieren, doch brauche ich ihn oft nicht von vorn zu beginnen.

Bezüglich der Rückfälle und der Symptome habe ich den begründeten Verdacht: Die Angst prüft, wie weit du schon bist. Lässt du dich entmutigen? Dann sind deine Wurzeln noch nicht so stark. Gieße deine Wurzeln und dünge sie.

Mit dem Kreislauf ist es so eine Sache. Das Herauskommen bedingt neue Wege, die ich gehen muss, und viele, viele Stopp-Sätze. Okay, ich höre jetzt wieder: ›Das ist aber nicht einfach!‹ Stimmt! Aber je öfter ich mir das sage, desto schwerer wird es, und ich fühle mich dann wie gelähmt, anstatt den ersten Schritt zu gehen.

Mir geht es auch nicht jeden Tag gleich gut. Ich kenne keinen Menschen, dem es jeden Tag gleich gut geht. Der Unterschied liegt darin, dass der Verzagende sich auf schlechte Tage fokussiert, während sich andere Menschen darüber gar keinen Kopf machen.

Angst als Gefühl hängt nach. Selbst wenn ich schon lange den richtigen Weg gehe, lässt sie (zunächst) nicht locker. Könnte sie sprechen, so würde sie sagen: ›Ich bin skeptisch, was du mir da sagst, denn das hast du mir jahrelang anders gesagt!‹

Im Grunde ist es wie beim Sport: Wenn ich mir die falsche Technik angeeignet habe, verbringe ich viele Trainingsstunden damit, mir wieder die richtige anzutrainieren.

Überzeuge deine Angst, dass du einen anderen Weg gehen willst. Gehe ihn beharrlich (nicht stur) und trotzdem flexibel, korrigiere gegebenenfalls, aber gib ihn nicht auf. Vertraue auf deinen Entschluss und deine Navigation. Und vor allen Dingen gehe diesen Weg leicht und mit Geduld. Die Belohnung der Angst liegt allein in ihrem Rückzug.

Das ist jedenfalls meine Erfahrung«, schloss Raphael seine Antwort ab.

»Werde ich meine Ängste jemals los und warum dauert das alles so lange? Meine Therapeutin hat gesagt, Ängste kommen immer wieder. Das klingt irgendwie nach lebenslanger Freiheitsstrafe. Manchmal dachte ich, ich hätte es geschafft, schien kurz davor, doch dann platzten die Erfolge wie Seifenblasen. Ich fühle mich dann entmutigt. Woran liegt das?«, fragte ich mit ein wenig Verzweiflung.

»Was du schilderst, haben Gabriel und ich auch so oder ähnlich erlebt«, antwortete Raphael und Gabriel nickte zustimmend.

»Wenn deine Therapeutin sinnbildlich sagt, ›Damit musst du leben‹, sage ich: ›Einspruch, Euer Ehren! Das ist ein destruktiver Mutzerstörer.‹ Aus meiner Sicht, die sich aus meiner individuellen Geschichte ergibt, möchte ich energisch widersprechen. Es gibt Wege aus der Angst! Auch dauerhaft! Du musst dranbleiben. Glaub mir, auch du wirst deine Lebensqualität wiederbekommen.«

»Was die jeweiligen Phasen der Angstbewältigung gut beschreibt, ist das *Gleichnis vom Sämann*, das Jesus seinen Jüngern erzählte. Gleichwohl ging es da nicht um Ängste direkt, sondern um die Themen Zweifel und Vertrauen«, meldete sich Cloe zu Wort.

»Ach weißt du, Cloe, so fromme Sachen sind nichts für mich«, blockte Gabriel ab.

»Das ist okay, Gabriel«, ließ Cloe sich nicht beirren. »Dennoch sind Gleichnisse gut geeignet, komplizierte Sachverhalte zu veranschaulichen.«

»Ich möchte das Gleichnis kennenlernen«,

sagte Raphael, dessen Haltung zum Glauben wir ja bereits kannten, und Gabriel und ich nickten zögerlich.

»Mein Wunsch, andere von meinen religiösen Vorstellungen zu überzeugen, ist äußerst gering«, fuhr Cloe fort. »Ich persönlich bin auch nicht besonders religiös, das habe ich mit Raphael gemeinsam. Ich glaube nicht an einen älteren Herrn mit Bart auf einem Thron, und ich glaube auch nicht an einen strafenden Gott. Insbesondere Jesus ist mir ein treuer Berater und Begleiter, der mich liebt und mich nie alleine lässt.

Das Gleichnis vom Sämann ist ein spannendes, lösungsorientiertes Erklärungsmodell. Ich möchte hinschauen, wo und warum wir bei unserer persönlichen Angstbewältigung hängen und/oder keinen Erfolg haben.

Jesus sprach zu seinen Jüngern und sagte: ›Ich will euch das Gleichnis vom Sämann deuten. Die Saat ist das Wort Gottes. Auf den Weg ist die Saat bei denen gefallen, die zwar hören, aber denen der Teufel das Wort aus dem Herzen reißt[2], damit sie nicht glauben und nicht gerettet werden.‹

Auf den Felsen ist der Samen bei denen gefallen, die das Wort aufrichtig und freudig hören. Aber sie haben keine Wurzeln und glauben deshalb nur eine Zeit lang. Aber in der Zeit der Prü-

2 Teufel = Zweifel im Ohr

fung werden sie abtrünnig.

Unter die Dornen ist die Saat bei denen gefallen, die das Wort zwar hören, aber in den Sorgen, Reichtümern und den Genüssen des Lebens ersticken und weggehen, deren Frucht also nicht reift.

Auf guten Boden ist der Samen gefallen bei denen, die das Wort mit gutem und aufrichtigem Herzen hören und daran festhalten, bis es Frucht bringt.

Mit einem Augenzwinkern möchte ich euch meine Idee deuten:

Die Saat, die auf den Weg fällt

Im Sinne von Angstbewältigung heißt das, der Betroffene will zwar seine Angst loswerden, will sein altes Leben zurück, hört der Angst aber nicht zu. Er stellt sich ihr nicht und hat von vornherein Zweifel, ob sein Weg gelingt. Die Zweifel in den Ohren lassen ihn nicht handeln, weil es ›doch keinen Sinn macht‹. ›Was ist aber, wenn es doch schiefgeht?‹, ist seine Maxime. Er kennt eine ganze Liste von Gründen, warum es nicht klappen wird. Er glaubt nicht an sich und eine Lösung. Hinzu kommt eine Mutlosigkeit von außen: ›Du schaffst es ja doch nicht!‹ Er sucht Ratschläge, die er dann verwirft, weil er sie schon 200-mal gehört hat, doch nie danach handelte und nun den Rat 201 hören will.

Die Angst wird bekämpft und nicht hinterfragt. Weitere Möglichkeiten wären Unehrlichkeit sich selbst gegenüber und das bewusste oder unbewusste Vorhandensein eines Sekundärgewinns seiner Krankheit. Er hält die Krankheit fest und sieht sie als Legitimation für sein Nichthandeln: ›Ich will ja, doch die Angst lässt mich nicht!‹ Die Saat hat so keine Chance, wird gleich zertreten oder von den Vögeln gefressen.

Die Folge: Ständiger Angstkreislauf ohne Ausgang.

Mögliche Lösung: Als 1. Schritt Ängste aus einem anderen Blickwinkel betrachten, nicht die Angst als Feindin sehen und handeln.

Die Saat, die auf felsigen Grund fällt

Im Sinne von Angstbewältigung heißt das, der Betroffene hat gute Ideen, wie er seinen Stopp-Satz sagt, seinen Kreislauf verlässt und sein neues Lebensdrehbuch schreibt. Voller Enthusiasmus bereitet er sein neues Leben vor, geht raus, tut etwas. Anfänglich hat er viele Erfolge. Dann kommt eine Stagnation, weitere Erfolge bleiben aus.

Das ist der Punkt, wo er sich sagt: ›Wo bleiben meine weiteren Erfolge? Ich will endlich belohnt werden. Ich investiere so viel, das ist voll ungerecht.‹

Stillstände und Misserfolge stellen sich ein. Der Weg geht rückwärts. ›So ein Mist, alles umsonst, schon wieder eine Panikattacke, jetzt muss ich wieder bei null anfangen! Wieso nur?‹

Schauen wir hin: Super angefangen und dann bei kleinen Prüfungen keine Wurzeln (Durchhaltevermögen) gehabt. Er glaubt nur eine Zeit lang!«

»Da erkenne ich mich wieder, darf ich kurz übernehmen, Cloe?«, unterbrach Raphael.

»Aber sehr gerne!«

»Ich ging in perfektionistischer Art an meine Heilung, hatte alles exakt geplant. Ich ließ keinen Millimeter Platz, andere Möglichkeiten auszuprobieren. Ich wollte alles voll im Griff haben und die Kontrolle ausüben. Als ich merkte, wie meine Angstbewältigung kippte, fing ich wieder an zu kämpfen, bekämpfte mich selbst und blieb weiter ohne Fortschritte.

Die Folge: Resignation und Zweifel. Mögliche Lösung: Geduld und Leichtigkeit anstatt perfektionistischer Ungeduld sowie eine Einstellung, die darauf hinausläuft: ›Es war nicht alles umsonst. Ich puste durch und mache weiter, nur anders.‹

Cloe, willst du fortfahren?«, fragte Raphael.

»Gerne! Also:

Die Saat, die in die Dornen fällt

Im Sinne von Angstbewältigung heißt das, der Betroffene erkennt intellektuell, was zu tun ist, macht sich auf den Weg und gibt dann nach kurzer Zeit wieder auf. Alte Gewohnheiten nehmen ganz schnell wieder ihren Platz ein.

Er erstickt an den Verpflichtungen des täglichen Lebens, hetzt von einem Termin zum anderen und verfällt in das Stressmodell des ›planlosen Hektikers‹.

›Was soll ich machen?‹

›Ich weiß ja, aber …‹

›Ach ja, der Alltag hat mich wieder.‹

›Es gibt so viele wichtigere Dinge.‹

›Meine Frau will nicht, dass ich mich hängen lasse, sie erwartet, dass ich mich um wichtigere Angelegenheiten kümmere.‹

Die Wurzeln gehen ein, bekommen kein Wasser mehr. Sie werden geistig nicht gedüngt, denn materielle Werte haben immer Vorrang. Der Betroffene will alles im Griff und unter Kontrolle halten. Er bürdet sich zu viel auf, schafft aber das selbst auferlegte Pensum nicht. Er greift eventuell zu Krücken wie Suchtmitteln.

Die Folge: Der Betroffene gibt recht schnell auf. Resignation macht sich breit. Der angebliche Grund liegt darin, so viel zu tun zu haben. ›Es wird schon irgendwie weitergehen. Es muss!‹

Mögliche Lösung: Eine Orientierung bekommen, was im Leben wirklich von Bedeutung ist. Gute Stressbewältigung, ein gesundes Terminmanagement, insbesondere im privaten Bereich (alles, was Sinn macht, strukturieren und nicht alles managen, was anfällt). Hier begegnet uns wieder das Thema *NEIN-Sagen lernen*.

Die Saat, die auf guten Boden fällt

Im Sinne von Angstbewältigung heißt das, der Betroffene hält inne, bricht aus seinem Kreislauf aus, stellt sich seinen Ängsten und schreibt ein neues Lebensdrehbuch. Er geht liebevoller mit sich um, verwirklicht sein persönliches Angstbewältigungsprogramm mit Leichtigkeit und Geduld. Er bleibt neugierig, geht Risiken ein, testet sein Verhalten. Er hört auf zu kämpfen, weil er sich meist nur selbst bekämpft, und belohnt sich für Erfolge, klopft sich selbst auf die Schulter. Ja! Das ist gut, das ist ›erlaubt‹.

Er nimmt neue Lebenseinstellungen freudig an und behält sie bei, solange sie sinnvoll sind. Seine Gedanken sind liebevoll, er bestimmt die Qualität seiner Gedanken. Er macht sich nicht mehr abhängig von den anderen, will nicht mehr so sehr gefallen. Er reguliert Erwartungen, setzt die Messlatte für sich und andere nicht so hoch, wird dadurch nicht mehr so oft enttäuscht. Er setzt Grenzen und wird nicht mehr so oft verletzt. Er ist authentisch und lebt nicht mehr das Leben, das andere für ihn bestimmen, sondern ein eigenbestimmtes Leben. Er ist ›Ich‹ geworden.

Bis hierhin ähnelt der Betroffene sehr dem, dessen Saat in die Felsen gefallen ist.

Der Unterschied besteht darin, wie er mit Stillständen und Rückschritten umgeht! Eine erfolgreiche Angstbewältigung besteht für mich in erster Linie darin, wie ich mit meinen Stillständen und Rückschritten umgehe. Gehe ich bei Gegenwind wieder zurück oder gehe ich beharrlich meinen Weg weiter vorwärts? Das Leben baut nach meinen Erfahrungen viele Prüfungen für uns ein. Wenn die Angst eine Freundin ist, die mir einen Weg zeigt – vorausgesetzt, ich bin bereit, ihn zu erkennen –, dann wird sie mich auch prüfen, wie weit ich schon bin. Bist du auf dem Weg, zieht sie sich zurück. Bist du nicht auf dem Weg, musst du eventuell die ›Klausur‹ (= Lernphase) wiederholen. Das bedeutet aber nicht, dass du dein ganzes Studium (= Angstbewältigung) wieder von vorne anfangen musst. Manchmal reicht es, wenn du durchpustest und weitergehst. Hier sei an die Echternacher Springprozession erinnert: Wenn ich stets zwei Schritte nach vorne gehe und einen zurück, werde ich mein Ziel auch erreichen. Nur Mut!

Die Folge: Auf Dauer wird der Betroffene ein neues Leben bekommen. Er wird glücklicher sein als bisher. Er ist, was er ist: Er ist authentisch!

Restängste, die er noch hat, betrachtet er als Wachtposten, die darauf achten, dass er nicht mehr in alte Gewohnheiten verfällt.

Er wird wachsam sein, wenn sich neue Ängste in anderen Gesichtern von hinten anschleichen, und sagen: ›Ich kenne euch, schön, dass ihr da seid, doch ich brauche euch nicht mehr, ich habe meine Lektion gelernt.‹ Sie werden sich dann zurückziehen. Sie müssen es – ganz einfach, weil es ihre Natur ist.«

»Wow!«, entfuhr es mir, »gute Ansätze. Meine Saat wurde auf dem Weg von den Vögeln gefressen.«

»Meine fiel auf den Felsen«, sagte Raphael.

»Meine ins Dornengestrüpp«, schmunzelte Gabriel.

Cloe sagte schließlich:

»Seid nicht erschrocken, wenn ihr euch wiedererkennt, das ist kein Werturteil. Erkennen, wo ich stehe und welche Lösungsmöglichkeiten ich habe, sind beste Möglichkeiten, sich auf seinen persönlichen Weg aus der Angst zu begeben. Alle großen Taten beginnen damit, anzufangen. Lösungsmöglichkeiten *zu erkennen* ist deshalb so wichtig, weil auf der anderen Seite Stagnation und Hoffnungslosigkeit stehen, was gleichzeitig Handlungsunfähigkeit bedeutet. Es gibt immer Hoffnung. Das ist keine Plattitüde, sondern ein persönliches Versprechen von mir. Die Hoffnung verlangt fast immer ein Tun. Erinnert euch: ›Nur vom Reden wird der Reis nicht gekocht!‹«

Raphael hatte das Gleichnis nachdenklich gemacht:

»Ich befand mich auf meinem Weg in allen vier Phasen, bevor es mir gelang, meine Saat auf fruchtbaren Boden zu bringen und die Saat zu ernten.«

Cloe sprach weiter: »Nein, es ist nicht einfach, aber möglich. Der Sämann benötigt ja auch die Geduld, dem Samen Zeit zum Sprießen und Wachsen zu lassen. Was ihr tun könnt, ist, für eine gute Düngung und Bewässerung zu sorgen, daran zu glauben, euch vorzustellen, wie die Saat aufgeht und ihr ein erfülltes Leben führen könnt.

In diesem Sinne wünsche ich euch Kraft, Mut und Geduld. Möge das, was ihr sät, in positiver Weise aufgehen. Ja, und geht liebevoll mit euch um. Wenn nicht mit euch, mit wem sonst?«[3]

---

3 Den Text *Das Gleichnis vom Sämann* habe ich aus dem Film *Jesus – der Film* entnommen, laut Guinness-Buch der Rekorde der meistgesehene Film auf der Welt (in 225 Ländern mit Übersetzungen in über 1.850 Sprachen). Er beschreibt das Evangelium nach Lukas.

»Das war hoffentlich noch nicht das Schlusswort«, meinte Gabriel leicht melancholisch.

»Cloe, warum, denkst du, macht die Angst uns das Leben so schwer?«, fragte ich.

»Die Angst kommt, um den Menschen zu helfen. Sie sieht sich als Freundin, nicht als Feindin!«

»Schwer zu verstehen«, protestierte ich immer noch.

»Alle, zu denen sie gekommen ist, haben sie gerufen. Natürlich nicht bewusst. Angst ist so etwas wie ein Schutzmechanismus. Sie tritt auf die Bremse, die manche Menschen nicht mehr finden. Sie zwingt sie, anzuhalten, zu überlegen und umzudenken. Sie ist sozusagen ein Blockiersystem mit guten Absichten.«

Gabriel sinnierte: »Sie sollen innehalten und sich Gedanken machen über ihr Leben.«

»Ja genau«, bestätigte Cloe. »Die meisten Menschen haben ja Beschwerden körperlicher oder seelischer Art. Die Angst möchte anregen zu überlegen, woher diese Beschwerden kommen, welche Symptome die logischen Folgen von z. B. Lebensgewohnheiten sind.«

»Das heißt, meine Lebensgewohnheiten sind schuld an meiner Misere?«, fragte ich nach.

»Nun, viele Gewohnheiten sind natürlich sehr nützlich. Stell dir vor, du müsstest jeden Tag über das Zähneputzen neu nachdenken. Ich meine die

Gewohnheiten oder die Einstellungen, die dich belasten. Verfestigte Lebensgewohnheiten sind oft Vorurteile. Man nimmt wahr, beurteilt und hat dann häufig eine scheinbar unumstößliche Meinung. Macht euch frei, neue Erfahrungen zu sammeln, die zu neuen Denkweisen führen. Wenn ich z. B. in Spanien bestohlen werde, so ist Spanien nicht fürchterlich; ich habe lediglich eine schlechte Erfahrung gemacht. Wenn ich diese zur Grundlage meiner zukünftigen Beurteilung ›Spanien‹ mache, werde ich nie die netten Menschen, die gute Küche und die sonstigen Schönheiten kennen lernen«.

»Du willst sagen, mit dem Denken fängt alles an, auch die Angst?«, warf Gabriel ein.

»Ja, mit dem Denken und dem Bewerten hängt auch die Angst zusammen. ›Der Mensch ist, was er denkt‹, hat ein großer griechischer Philosoph gesagt. Was euch so super gelingt, ist die bildliche Vorstellung negativer Geschehnisse. Ich wäre sehr zufrieden, wenn euch das auch im Positiven gelingen würde. Wenn du dir nämlich jeden Tag immer wieder sagst: ›Ich bin zu dick, zu alt, meine Haare werden grau und grauer, mein Geld reicht nicht, den Chef könnte ich auf den Mond schießen, der Sprit wird immer teurer und bis ich in Pension gehe, habe ich nur noch eine Mini-malrente‹, dann fühlst du dich genauso, wie du

120

denkst: nämlich dunkelgrau … Dein Verhalten wird geprägt von Unsicherheit, einem Mangel an Selbstbewusstsein und deine Gewohnheiten zeigen sich in Sicherheitstechniken und der Vermeidung von Situationen, denen du dich nicht gewachsen fühlst.«

»Und was dagegen tun?«, tönte es wie im Chor.

»Ihr müsst den positiven Gegenspieler einwechseln, wenn ihr merkt, dass ihr auf dem Negativtrip seid: Lachen, Freude empfinden, sich seiner sicher sein, Zufriedenheit, Vertrauen, Geborgenheit im Fluss des Lebens, nicht zu viel erwarten, genießen, leben … insgesamt die Messlatte für sich selbst ein wenig tiefer hängen. Ihr könnt ›stopp‹ sagen! ›Bis hierhin und nicht weiter!‹«

Ich überlegte angestrengt. Irgendetwas fehlte mir noch.

»Cloe, wenn die Angst doch nur das Gute will, warum mag sie dann niemand?«

»Gut beobachtet! Das ist ihr nicht wichtig. Als geistige Energiequelle wertet sie nicht. Sie hat nur eine Aufgabe, nämlich zu kommen, wenn sie gerufen wird. Diejenigen, die das erkennen, profitieren sogar von ihr! Sie konnte in vielen Fällen die Lebensqualität ihrer Rufer wiederherstellen bzw. verbessern.«

»Sie quälte mich mitunter ganz schön, wenn

ich nicht zuhörte«, protestierte Gabriel.

»Das muss so sein. Stellt euch vor, jemand hört dich nicht, obwohl du dich bemerkbar machst; dann musst du lauter reden. Sie wird umso gemeiner, je weniger die Leute auf sie hören. Sie will eine Bestandsaufnahme ihres Lebens. Sie ist der Prüfstein, ob sie so weiterleben oder ihrem Denken und Tun eine andere Richtung geben möchten. Nicht falsch verstehen: Es geht ums Leben! Die Betonung liegt auf ›so weiterleben‹.

»Sie ist aber äußerst hartnäckig und zäh, wenn die ›Angsthasen‹ sie besiegen und so schnell wie möglich wieder vertreiben wollen«, entgegnete Raphael.

»Frage: Kannst du ein Gespenst vertreiben mit Furcht oder ein Feuer löschen mit einem Blasebalg? Du musst dem Gespenst die Stirn bieten und dem Feuer den Sauerstoff entziehen. Wenn du der Angst so begegnest, dann hat sie keine Chance, bei dir zu bleiben. Doch das freut sie eher, weil dann nämlich ihre Mission erfüllt ist. Verstehst du?

Stillstände und Rückschritte waren Tests, ob sie schon gehen konnte. Sie überprüft dich, ob du das, was du sagst und tust, verinnerlicht hast oder ob es nur leere Worthülsen sind. Sie prüft den Härtegrad deiner Überzeugungen. Sie ist stets bei jedem im Hintergrund. Manchmal kommt sie auch zu früh. Doch wenn ihr dann jemand vertrauensvoll sagt: ›Schön, dass du da bist, aber ich brauche dich in dieser Situation nicht, ich kriege das selber hin‹, dann zieht sie sich gerne wieder zurück. Sie mag es, wenn du mit ihr redest. Und wenn die alten Gewohnheiten wieder die Überhand gewinnen, wenn Termine, Druck, Verantwortung, Nicht-Nein-sagen-Können, Stress, Perfektionismus, Ehrgeiz und hohe Erwartungen wiederkommen, steht sie sofort wieder auf der Matte.«

»Du bist mir unheimlich, Cloe«, sagte ich.

»Ich bin großer Fan von Winnetou. Einmal sagte ein anderer großer Häuptling am Lagerfeuer anerkennend zu ihm: ›Winnetous Worte treffen wie Pfeile.‹ Und den Eindruck habe ich auch gerade bei dir, noch nie hat mir jemand so überzeugend die Angst erklärt. Mir kommt es fast vor, als würdest du die Angst persönlich kennen«, sagte Raphael.

»Oh ja, ich kenne die Angst, und zwar persönlich.« Cloe zeigte ihr schönstes Lächeln.

»Ich mache gleich Feierabend, darf ich dann in 15 Minuten kassieren?«, fragte die nette Bedienung? Mittlerweile war es früher Abend geworden.

Wir nickten.

»Cloe, wer bist du? Du bist freundlich, verständnisvoll und doch mysteriös, wenn ich das so sagen darf«, nahm Raphael wieder das Gespräch auf.

Gabriel und ich stimmten leise zu.

Wir trauten unseren Ohren nicht, als Cloe antwortete:

»In meinem physischen Körper war ich heute Cloe, ansonsten komme ich, wenn mich die Menschen rufen. Ihr habt mich gerufen. Ich glaube, ich kann gehen, meine Mission ist erfüllt. Ich wünsche euch alles Gute. Dir, Michael, für deinen Weg, der noch vor dir liegt. Dich, Gabriel, ermutige ich, den Weg weiterzugehen, den du begonnen hast. Raphael, dir kann ich sagen, du hast den Weg gefunden, auf dem die Saat aufgeht, weil ich keine Vögel sehe, die den Samen wegpicken könnten. Ich war oft bei dir und habe dich begleitet. Weiter so!«

Gabriel, Raphael und ich schauten uns verblüfft an. Regelrechte Hitzewellen erfassten mich, im scheinbaren Widerspruch dazu hatte ich eine deutlich spürbare Gänsehaut. Durchaus wohlige Schauer jagten mir über den Rücken.

»Dann bist du die Angst?«, fragten wir alle auf einmal.

Cloe lächelte entwaffnend – und gab keine Antwort.

»Ich gehe jetzt, viele haben mich bereits wieder gerufen.«

»Vielen Dank für alles, schön, dass wir dir begegnen durften. Wir würden gerne deine Getränke übernehmen.«

»Wie lieb von euch!«

Wir umarmten Cloe spontan und herzlich, bevor sie in der Menschenmenge der kleinen Fußgängerzone verschwand.

»Wir übernehmen die Getränke der Dame, die bei uns am Tisch saß«, sprach ich die Bedienung an.

»Wollen Sie mich veräppeln? Welche Frau meinen Sie denn? Sie waren doch den ganzen Mittag nur zu dritt«, sagte die Bedienung und neigte leicht den Kopf. »Zu viel Sonne?«

Als wir unsere Fassung wiedergefunden hatten, verabschiedeten wir uns herzlich als Freunde und versprachen uns gegenseitig, den eingeschlagenen Weg weiterzugehen.

Michael, Gabriel und Raphael

Vielleicht habt Ihr es schon vermutet, liebe Leser, Michael, Gabriel und Raphael sind nicht drei verschiedene Personen, sondern eine: ich!

Ich zum Zeitpunkt, als ich beschlossen hatte, etwas für mich zu tun, dann kurz vor Ende meiner Therapie und schließlich 20 Jahre später.

Søren Kierkegaards »Das Leben wird vorwärts gelebt und rückwärts verstanden« hat mir sehr geholfen und zu einem tieferen Verständnis meiner Ängste geführt.

»So ist das im Leben: Wenn sich eine Tür schließt, öffnet sich eine andere. Die Tragik liegt darin, dass wir nach der geschlossenen Tür blicken, nicht nach der offenen.«
André Gide (1869 – 1951), frz. Schriftsteller, 1947 Nobelpreis

Im Moment scheint in meinem Leben alles auf »Veränderung« zu stehen: Neuer Freundeskreis, neue Bekannte, weniger Vorträge, neue Wege, neue Ansichten, Verlustschmerz, schmerzliche Wahrheiten erkennen, zugeschlagene Türen, etwas Wehmut.

Schön warm und bequem hatte ich es gerne, besonders wenn die Dinge von allein und längere Zeit so liefen, wie es für mich sehr angenehm war. Früher! Heute finde ich Veränderungen spannend und lasse gerne los. Nichts bleibt dauerhaft, wie es ist! Manchmal ist es schmerzhaft für mich, eingefahrene Gleise zu verlassen. Läuft doch, oder?! Meine Lebenserfahrung sagt mir: »Fast jedes Mal, wenn ich etwas Geliebtes aufgeben musste, kam etwas Besseres nach. Neue Türen öffneten sich.«

Klar kann ich auch mal scheitern, aber ich finde es mutig, eingefahrene Gleise zu verlassen, um auf neu gelegten Gleisen weiter zu kommen. Die neue Erfahrung kann mir niemand mehr nehmen. Sobald ich nur auf Nummer sicher gehe, mache ich vermeintlich keine Fehler. Aber auch keine neuen Erfahrungen. Ich bleibe stehen, entwickele mich nicht mehr weiter. Ohne Risiko läuft nichts, gar nichts! Du kannst die geschlossene Tür jahrelang »beweinen« oder Du machst dich mutig auf, durch eine andere Tür zu gehen. Vielleicht ist die neue Tür nur angelehnt oder überwuchert. Dann wird es Zeit, das Dornröschen in Dir zu befreien.

Hör auf zu kämpfen und lege sinnbildlich die Waffen nieder. Nimm Deine Ängste in den Arm. Du bist damit liebevoll zu Dir selbst. Wenn nicht zu Dir selbst, zu wem sonst?

Und denke daran: **Das Gegenteil von Angst ist Liebe**. Vielleicht spürst Du etwas Widerstand, doch mit ein wenig Abstand und tieferem Verständnis wirst Du immer wieder auf diesen Satz stoßen.

Deine Erfolge …

*… mögen anfangs schleichend sein. Du
bemerkst, dass Dinge, die dich früher geärgert
haben, dich jetzt nicht mehr ärgern. Du
bemerkst, dass die Menschen, mit denen du lebst,
die Konflikte, die du hattest, aufhören, weil du
aufgehört hast. Du versuchst dann nicht mehr,
dich zu verteidigen. Du versuchst nicht mehr,
deinen Standpunkt durchzusetzen. Du versuchst
nicht mehr, das richtige Buch, den richtigen
Lehrer oder irgendetwas anderes zu finden.
Du bleibst zentriert. Du bleibst frei!
Du bleibst glücklich!*

Gottfried Sumser
Spiritueller Menschenbegleiter,
inspiriert von dem Werk »Ein Kurs im Wundern«
(von Helen Schucman) und Seminarleiter

Nachwort

Die kleinen Steine in Deinen Schuhen

Oftmals beginnen Problemlösungen im Kleinen. Nicht die erwartet hochtrabenden wissenschaftlich-therapeutischen Erkenntnisse sind gefordert, sondern die kleinen, menschlichen Lösungen des Alltags.

In der allerletzten Folge der Wikinger-Saga *Vikings* – die Schlachten waren geschlagen und die Helden müde – saßen Übbe (ein großer Krieger) und Floki am Strand und schauten dem Sonnenuntergang zu. Floki war einstmals ein großer Krieger, mittlerweile sehr weise geworden.

»Floki, kannst du mir einen wichtigen Rat für das Leben geben?«, fragte Übbe.

Floki grinste vielsagend und antwortete:

»Sieh nach, ob kleine Steinchen in deinen Schuhen sind, bevor du sie anziehst! Das ist der beste Rat, den ich dir geben kann.«

Wie sieht es mit den kleinen Steinchen in Deinen Schuhen aus? Am Anfang nerven sie ja nur, doch wenn ich sie nicht entferne, kann ich Blasen bekommen oder Scheuerwunden. Und plötzlich werden die Steine groß und größer.

Ich erzähle diese Geschichte nicht, weil ich große Krieger mag, sondern weil für viele Betroffene das Handeln ein Problem ist. Sind ja nur kleine Steinchen.

Also – sieh immer nach und entferne sie, es lohnt sich. *Wehret den Anfängen*, das ist die Botschaft.

Bisher vom Autor erschienen:

Aus der Dunkelheit ans Licht
Wenn Angst zur Krankheit wird
(*Das Buch für die ersten Schritte der Angstbewältigung*)

Pb., 144 S., 12.70 €, ISBN 978-3-8311-0582-3
Auch als Kindle E-Book erhältlich (9.99 €)

Angst ist mehr als ein Gefühl
Was meine Angst mich lehren will:
Alltagsstrategien zur Angstbewältigung
(*Ängste aus einem anderen, positiveren Blickwinkel
betrachten*)

Pb., 180 S., 14.80 €, ISBN 978-3-8334-4184-4
Auch als Kindle E-Book erhältlich (10.99 €)

Beide Bücher können bestellt werden:
roland-rosinus.eu/Bestellformular
oder Mail an: kontakt@roland-rosinus.de
Auch im Buchhandel oder online,
z. B. bod.de (Buchshop), libri.de, amazon.de

Doppel-CD Wege aus der Angst

CD 1 Live-Erlebnis »Vortrag«
CD 2 »Interview mit der Angst«
12.- €, auch als USB-Stick

CD Muskelentspannung nach Jacobsen und Konzentrative Entspannung

Beschreibung und Hörprobe auf der Website.
Vom Autor besprochen.
10.- €, auch als USB-Stick

Postkarten
mit fünf schönen Foto-Motiven und passenden
Lebensweisheiten
Einzelpreis: 1.50 €

DOPPEL-CD, ENTSPANNUNGS-CD UND
POSTKARTEN SIND NUR BEIM AUTOR BESTELLBAR:

roland-rosinus.eu/Bestellformular
oder Mail an: kontakt@roland-rosinus.de